KB128136

한 달 만에 끝내는 **초등학교 입학 준비**

# 1 오늘부터 학년!

한 달 만에 끝내는 **초등학교 입학 준비**

**1 오늘부터 학년!**

**초판 1쇄 발행** 2017년 1월 20일
**초판 2쇄 발행** 2020년 2월 28일

**기획 및 구성** 초등교육개발연구소

**발행인** 양원석
**마케팅** 윤우성, 유가형, 박소정

**펴낸곳** (주)알에이치코리아
**주소** 08588 서울시 금천구 가산디지털2로 53, 20층(한라시그마밸리)
**편집문의** 02-6443-8921 | **도서문의** 02-6443-8800 | **팩스** 02-6443-8959
**등록번호** 제 2-3726호(2004년 1월 15일 등록)

ISBN 978-89-255-6075-5 (63370)

※ 책값은 뒤표지에 있습니다.
※ 맞춤법과 띄어쓰기는 국립국어원의 기준에 따랐습니다.
※ 잘못된 책은 구입하신 곳에서 바꾸어 드립니다.
⚠ 책 모서리가 날카로워 다칠 수 있으니 사람을 향해 던지거나 떨어뜨리지 마십시오.

**어린이제품 안전특별법 표시 사항**
**제품명** 도서 | **제조자명** (주)알에이치코리아 | **제조국명** 대한민국 | **전화번호** 02)6443-8800
**주소** 서울시 금천구 가산디지털2로 53, 20층(한라시그마밸리)

**알에이치코리아 홈페이지와 블로그, SNS에서 자사 도서에 대한 더 많은 정보와 이벤트 혜택을 확인할 수 있으며, 전자책도 만나볼 수 있습니다.**

**홈페이지** http://rhk.co.kr | http://ebook.rhk.co.kr **페이스북** https://www.facebook.com/rhk.co.kr
**블로그** http://randomhouse1.blog.me **유튜브** http://www.youtube.com/randomhousekorea
**주니어RHK 포스트** https://post.naver.com/junior_rhk **인스타그램** @junior_rhk

이 책에 1학년 견본을 제공한 친구들(가나다순)
김민서, 김주현, 류호영, 심현직, 이서연, 이해율, 이희경, 장서윤, 장하성, 전지우, 조선재, 최지안, 황지유

한 달 만에 끝내는 **초등학교 입학 준비**

# 1 오늘부터 학년!

초등교육개발연구소 기획 및 구성

주니어RHK

이 책의 활용 방법

# 초등 입학 준비, 이 책 한 권이면 해결!

## 초등 입학 전에 대체 뭘 해 줘야 하는 거야?

드디어 초등학생이 되는 아이는 물론, 부모도 아무것도 모르는 신입생, 왕초보입니다. 어디서부터 어떻게, 무엇을 해야 할지 전혀 감이 잡히지 않지만, 과연 이대로 괜찮을지 커다란 불안감에 휩싸이기 마련이지요. 특히 초등학교에 들어가는 아이가 첫째이거나, 주변에서 도움 받을 사람 하나 없다면 그 불안감은 더욱 큽니다. 제발 하늘이 내려 준 비법서라도 있었으면 좋겠다고, 간단하게 모든 것을 해결해 주는 책이라도 있었으면 좋겠다고 생각하곤 합니다.

그게 바로 이 책입니다. 이 책 한 권만 끝내 놓으면 초등학교 입학 따위 문제없습니다. 초등학교에 들어가 아이가 새롭게 도전해야 하는 과제를 한 권에 담았으니까요. 안 그래도 낯선 학교생활이 힘든 아이에게 교과목에 대한 부담까지 가중되는 것을 막을 수 있지요. 이 책을 본 아이라면 많은 시간을 들이지 않고 한 번 해 본 것이라 더 자신 있고 쉽게 과제를 하며 학교생활을 헤쳐 나갈 수 있습니다. 보통 초등학교 1학년 과제는 어떻게 해야 하는지를 몰라 어려워하는데, 그 방법이 나와 있는 샘플을 보고 따라 하기만 해도 어느새 과제가 끝나니까요! 하루에 한 주차씩 한 달만 하면 되니, 입학 전까지 언제 해도 문제없고, 어떤 것부터 해도 상관없습니다. 책의 차례대로 과목별로 집중하고 싶은 과목을 골라 하나씩 해도 되고, 요일별로 각각 다른 과목을 하나씩 해 봐도 괜찮습니다. 정해진 차례나 방법은 없으니 편한 방법으로 활용하면 됩니다.

이 책은 각 과제 학습별로 4주차씩 구성했습니다. 과제 학습은 어느 학교든 1학년 학생에게 공통으로 가르치는 국어 · 일기 · 독서록 · 받아쓰기 · 수학이 견본과 함께 들어 있습니다. 일주일 중 5일 동안 총 25일로 구성된 한 달 프로그램으로, 실제 1학년 친구들의 견본이 있어 어느 정도로 배워 두고 익혀야 할지를 한눈에 알 수 있습니다.

아이뿐만 아니라, 아이를 처음 초등학교에 입학시키는 정보 없는 초보 엄마도 과목 시작 부분의 부모 가이드로 간단하게 감을 잡을 수 있습니다. "엄마, 일기는 어떻게 써?"라고 묻는 아이에게, "아이의 초등 입학, 뭘 해 줘야 할까요?"라고 고민하는 부모에게 이 책을 권합니다.

이 책은 다음과 같이 구성되어 있습니다.

## 국어

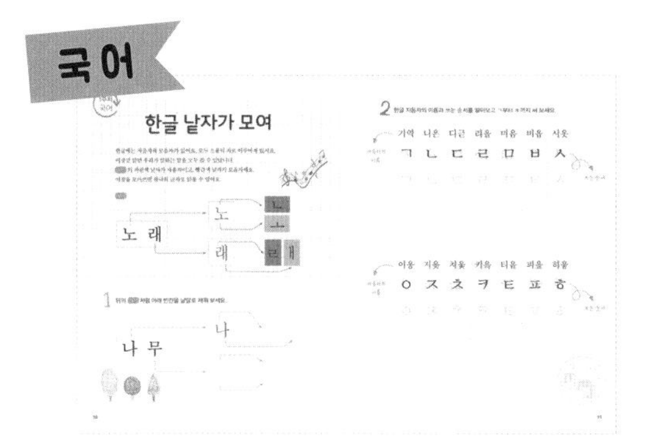


기본적으로 알아 두어야 하는 낱말과 문법을 알려 줍니다.

## 일기

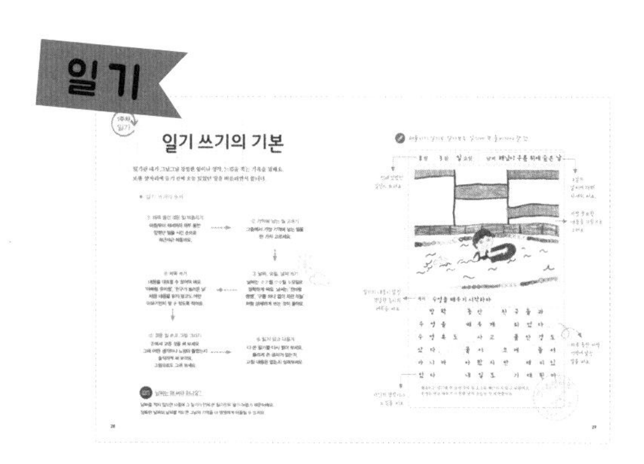


실제 1학년 아이들이 쓴 일기를 보여 줍니다.

## 독서록

다양한 형식의 독서록을 소개합니다.

## 받아쓰기

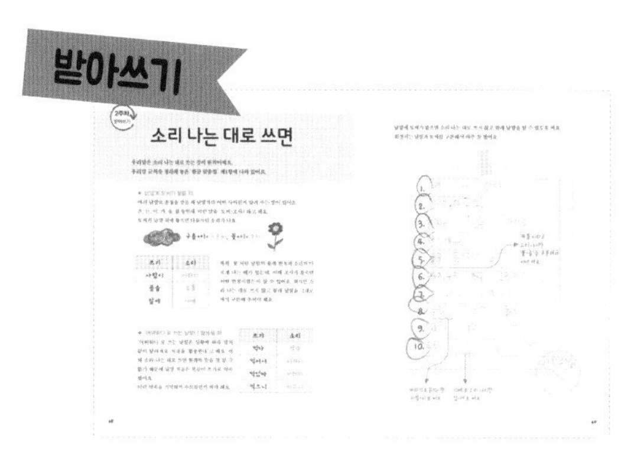


교과서를 바탕으로 한 틀리기 쉬운 실제 받아쓰기 견본이 들어 있습니다.

## 수학

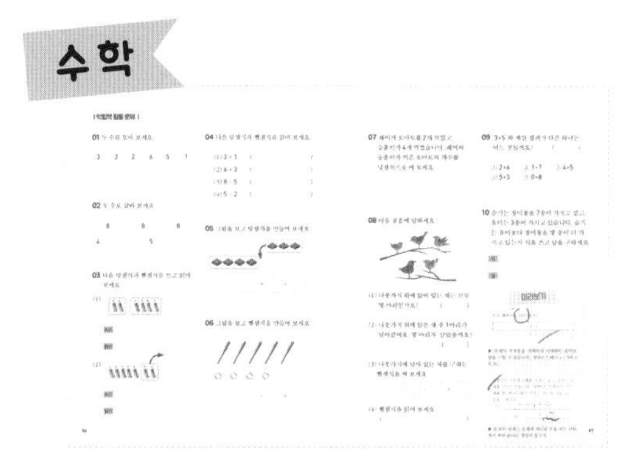

1학년 때 배우는 수학 연산 문제와 실제 수학 시험 견본이 실려 있습니다.

앞장에 실린 학습 내용과 실제 견본을 보고, 뒷장에서 실제로 글을 써 보거나 문제를 풀 수 있어요.

# 차례

## 독서록



## 받아쓰기



## 수학

# 국어

1주차 한글 낱자가 모여

2주차 낱말과 문장이 되고

3주차 글로 쓰고 표현해

4주차 시간 나타내기

## ● 부모 가이드 ●

2017년에 개정되는 국어 교과 과정의 핵심은
바로 한글 교육이다. 1학년 1학기 국어를 기준으로
기존 27차시의 한글 교육을 62차시로 확대하여
한글 교육 수업을 강화했다.
뿐만 아니라 통합교과, 수학 등 다른 교과서에는 글자 노출을
최소화하고 듣기, 말하기 중심으로 교과서가 구성된다.
따라서 이전보다 아이들이 한글 떼기에 대한 스트레스를
조금 덜 받아도 된다지만, 한글을 아예 모르고 시작하기에는
1학년 국어 수업이 만만치 않다. 학교에 들어가면 바로
알림장을 받아써 와야 하는데, 어느 정도 보고 쓸 수 있는
정도는 되어야지, 한글을 아예 모르는 것은 가르쳐 주기가
힘들다는 게 현 초등학교의 실상이다.
그러므로 아이가 다른 아이에게 뒤처지지 않을 정도의
한글은 가르쳐 두는 게 좋다.

# 한글 낱자가 모여

한글에는 자음자와 모음자가 있어요. 모두 스물넉 자로 이루어져 있지요.
이것만 알면 우리가 하는 말을 모두 쓸 수 있답니다.
보기 의 파란색 낱자가 자음자이고, 빨간색 낱자가 모음자예요.
이것을 모아쓰면 하나의 글자로 읽을 수 있어요.

보기

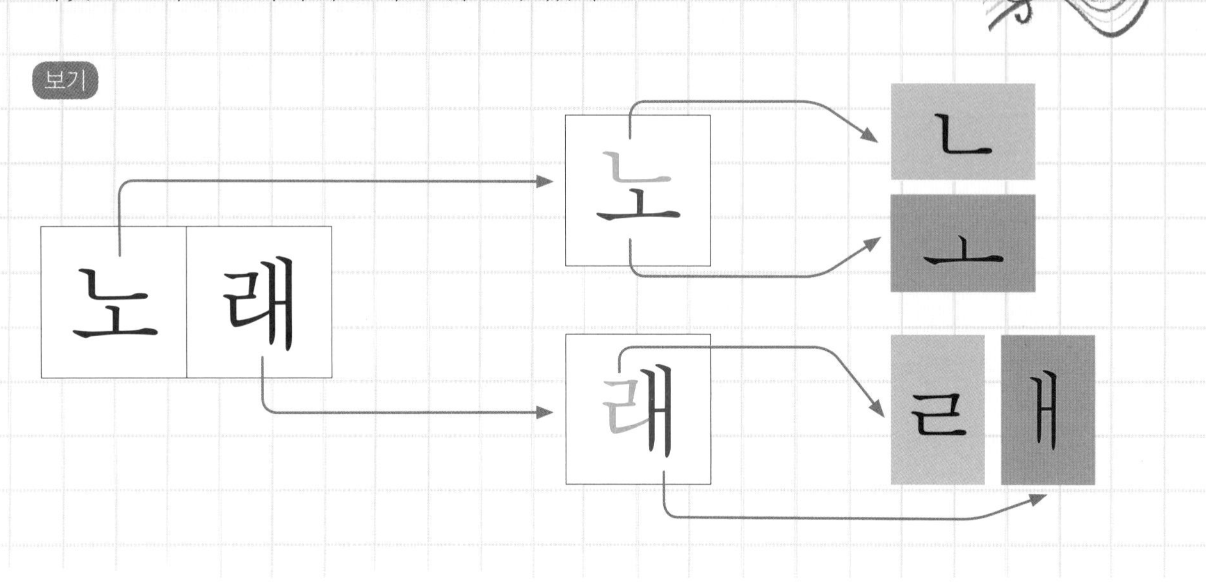


1 위의 보기 처럼 아래 빈칸을 낱자로 채워 보세요.

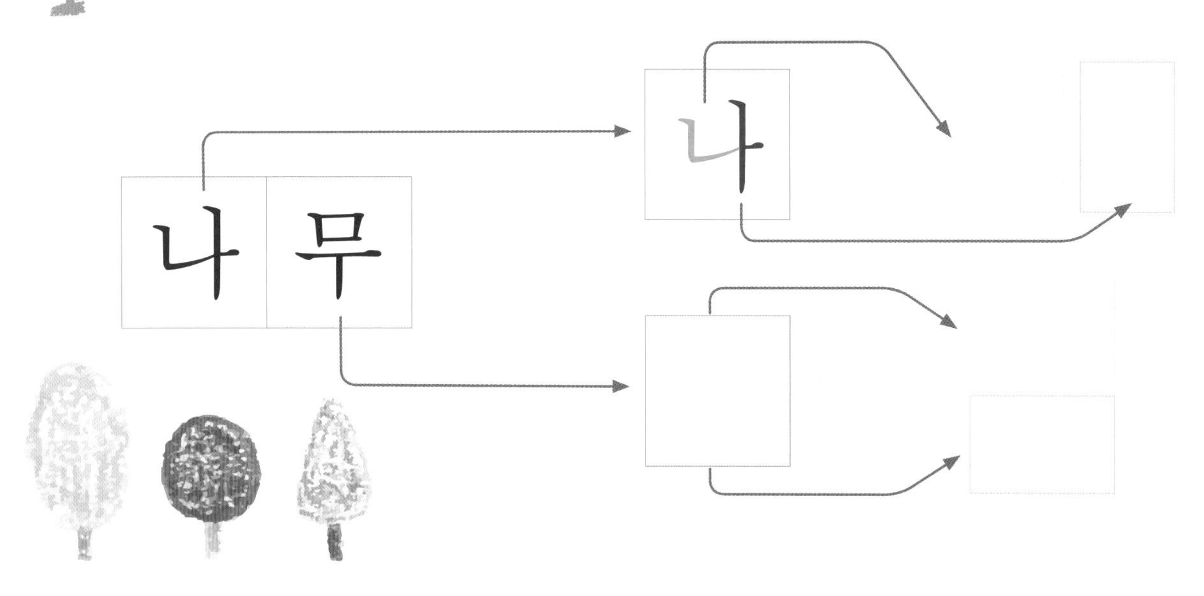

## 2 한글 자음자의 이름과 쓰는 순서를 알아보고 ㄱ부터 ㅎ까지 써 보세요.

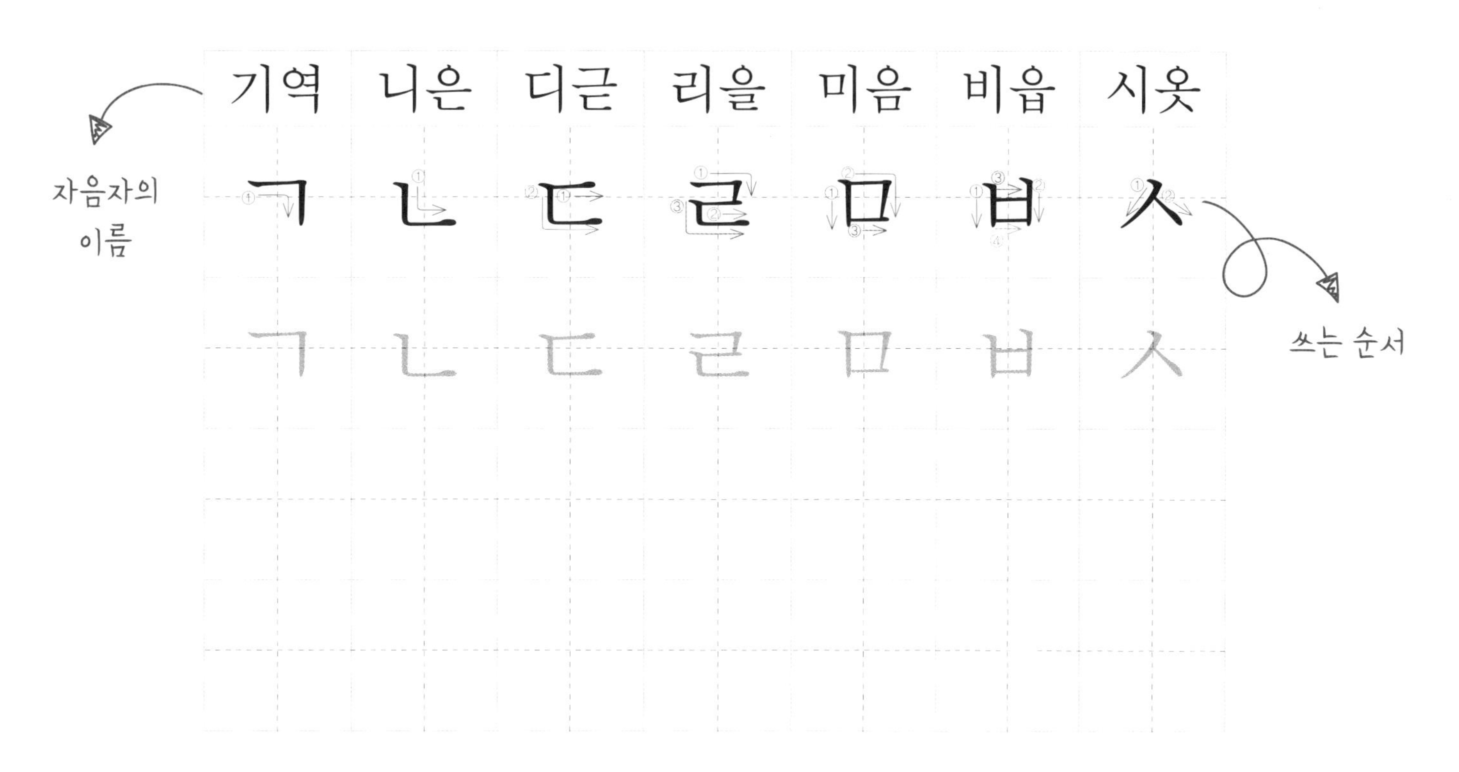

# 3 한글의 모음자의 이름과 쓰는 순서를 알아보고 ㅏ부터 ㅣ까지 써 보세요.

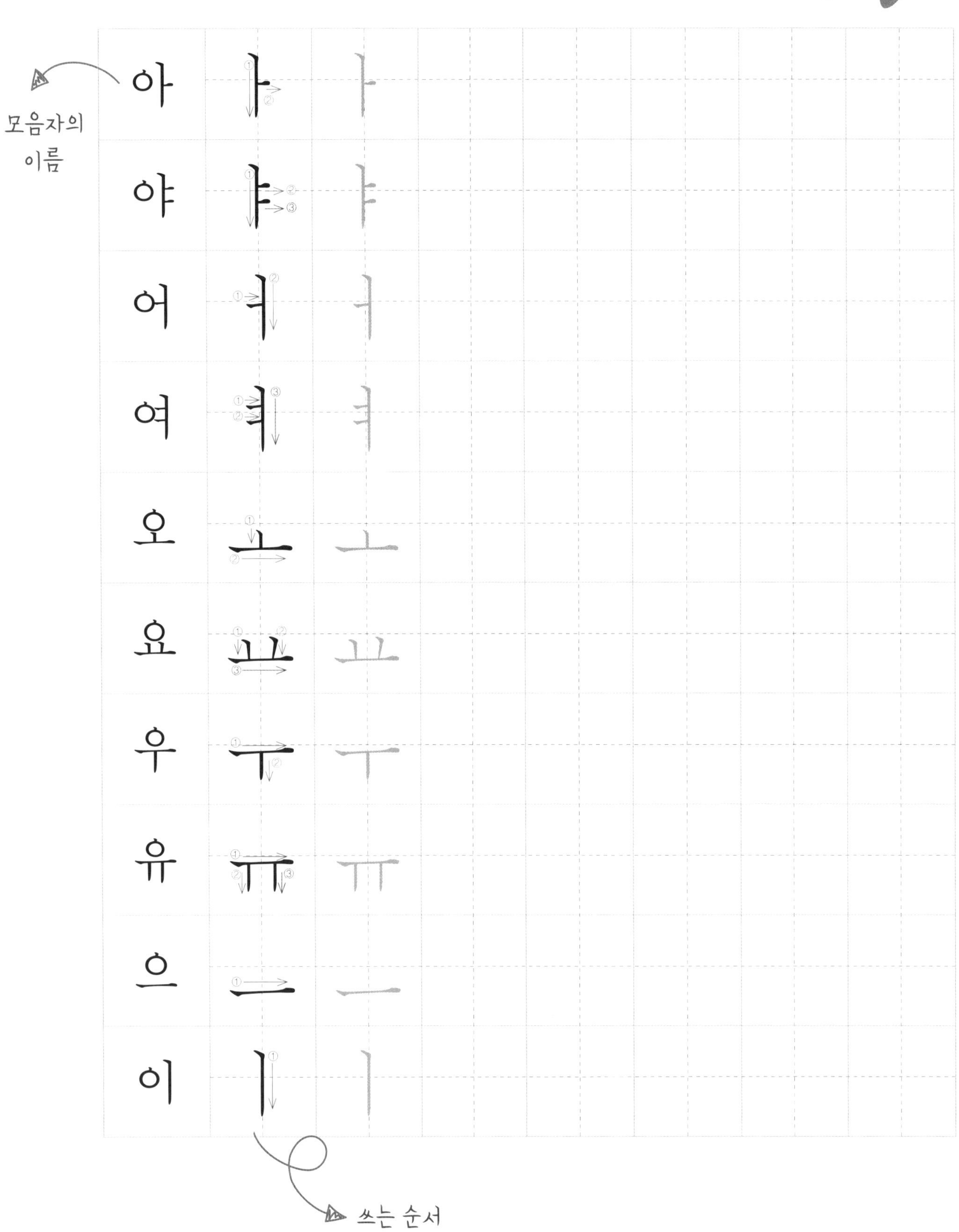

한글의 자음자와 모음자가 모여야 하나의 낱말이 됩니다. 아래 표에서 노란 빈칸에 들어갈 알맞은 글자를 써 보세요.

| 모음자 / 자음자 | ㅏ (아) | ㅑ (야) | ㅓ (어) | ㅕ (여) | ㅗ (오) | ㅛ (요) | ㅜ (우) | ㅠ (유) | ㅡ (으) | ㅣ (이) |
|---|---|---|---|---|---|---|---|---|---|---|
| ㄱ (기역) | | 갸 | 거 | 겨 | 고 | 교 | | 규 | 그 | 기 |
| ㄴ (니은) | 나 | 냐 | 너 | 녀 | 노 | 뇨 | 누 | 뉴 | 느 | 니 |
| ㄷ (디귿) | 다 | 댜 | 더 | 뎌 | | 됴 | 두 | 듀 | 드 | 디 |
| ㄹ (리을) | 라 | 랴 | 러 | 려 | 로 | 료 | 루 | 류 | 르 | |
| ㅁ (미음) | 마 | 먀 | | 며 | 모 | 묘 | 무 | 뮤 | 므 | 미 |
| ㅂ (비읍) | 바 | 뱌 | 버 | 벼 | 보 | 뵤 | 부 | 뷰 | 브 | 비 |
| ㅅ (시옷) | 사 | 샤 | 서 | 셔 | 소 | 쇼 | 수 | 슈 | 스 | 시 |
| ㅇ (이응) | 아 | 야 | 어 | 여 | 오 | 요 | 우 | 유 | 으 | 이 |
| ㅈ (지읒) | | 쟈 | 저 | 져 | 조 | 죠 | 주 | 쥬 | | 지 |
| ㅊ (치읓) | 차 | 챠 | 처 | 쳐 | 초 | 쵸 | 추 | 츄 | 츠 | 치 |
| ㅋ (키읔) | 카 | 캬 | 커 | 켜 | 코 | 쿄 | 쿠 | 큐 | 크 | 키 |
| ㅌ (티읕) | 타 | 탸 | 터 | 텨 | | 툐 | 투 | 튜 | 트 | 티 |
| ㅍ (피읖) | 파 | 퍄 | 퍼 | 펴 | 포 | 표 | 푸 | 퓨 | 프 | 피 |
| ㅎ (히읗) | 하 | 햐 | 허 | 혀 | 호 | 효 | 후 | 휴 | 흐 | 히 |

# 낱말과 문장이 되고

한글은 자음자와 모음자가 모여 낱말이 되지요. 또 이 낱말이 모여 문장이 돼요.
우리는 평소에 이야기를 할 때 문장으로 말을 해요.

● 낱말

낱말은 뜻을 가지고 홀로 쓰일 수 있는 말의 가장 작은 덩어리예요.
하나의 낱말은 그대로도 쓰이고, 다른 낱말과 합쳐져 또 다른 낱말이 되기도 해요.
1학년이 되면 선재처럼 학교에서 볼 수 있는 장소를 낱말로 써 보기도 해요.

♣ 아래의 그림에 맞는 이름을 골라 써보세요.

<보기> 방송실, 과학실, 급식실, 국기 게양대, 분리수거함,
수돗가, 교장실, 축구골대, 보건실

| | | |
|---|---|---|
| 교장실 | 과학실 | 국기 게양대 |
| 축구골대 | 방송실 | 분리수거함 |
| 급식실 | 보건실 | 수돗가 |

● 문장

낱말을 토씨(조사)와 행동 등을 나타내는 말과 함께 모아 쓰는 게 문장이에요. 교과서나 시험지에 답을 쓸 때 낱말뿐 아니라 문장으로 쓰기도 해요.

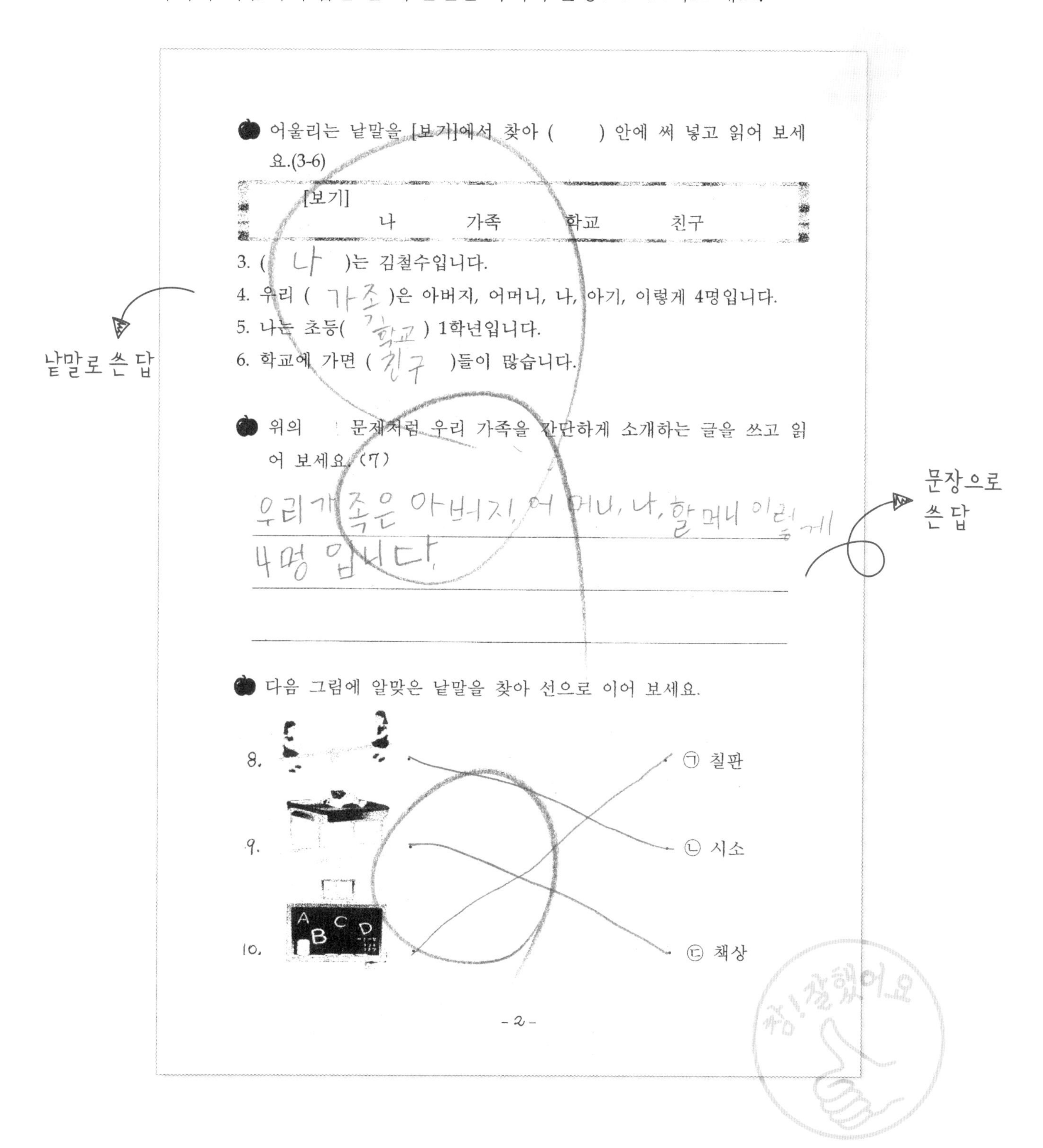

어울리는 낱말을 [보기]에서 찾아 (　　) 안에 써 넣고 읽어 보세요.(3-6)

[보기]
나　가족　학교　친구

3. ( 나 )는 김철수입니다.
4. 우리 ( 가족 )은 아버지, 어머니, 나, 아기, 이렇게 4명입니다.
5. 나는 초등( 학교 ) 1학년입니다.
6. 학교에 가면 ( 친구 )들이 많습니다.

위의 문제처럼 우리 가족을 간단하게 소개하는 글을 쓰고 읽어 보세요.(7)

우리가족은 아버지, 어머니, 나, 할머니 이렇게 4명 입니다.

다음 그림에 알맞은 낱말을 찾아 선으로 이어 보세요.

8.　㉠ 칠판
9.　㉡ 시소
10.　㉢ 책상

- 2 -

십자 점선을 기준으로 한글 낱자를 어느 자리에 썼는지 살펴보세요.

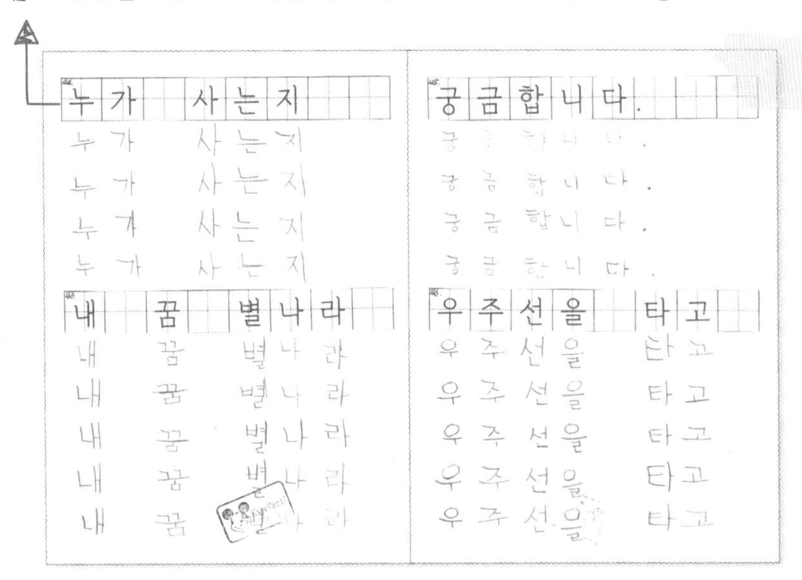


### ● 바른 글씨 쓰기 연습

1학년 때는 바른 글씨 쓰기 연습을 해요. 글씨를 예쁘게 쓸 수 있도록 네모 칸 안에 십자 점선이 그려져 있어요. 견본으로 나와 있는 예쁘게 쓰인 글씨를 따라 쓰면서 바르게 글씨 쓰는 법을 배우지요.

### ● 받아쓰기 급수 카드

1학년이 되면 받아쓰기 급수표나 급수 카드라는 것을 나눠 줘요. 살펴보면 한 낱말만 있는 것, 다른 낱말과 같이 쓴 것, 문장으로 이루어진 것 들이 있어요. 학교에서는 이것들을 바르게 쓰는 법을 연습하고 배운 다음 받아쓰기를 해요.

미리 연습해 봐요!

## 받아쓰기 급수카드 (1학기)

[ 1급 ]

| | 1. 즐거운 마음으로(6~17쪽) |
|---|---|
| 1 | 우리 |
| 2 | 아버지 |
| 3 | 아기 |
| 4 | 가족 |
| 5 | 어머니 |
| 6 | 나 |
| 7 | 너 |
| 8 | 우리 가족 |
| 9 | 즐거운 |
| 10 | 마음 |

[ 2급 ]

| | 1. 즐거운 마음으로(18~21쪽) |
|---|---|
| 1 | 사자 |
| 2 | 타조 |
| 3 | 제비 |
| 4 | 코끼리 |
| 5 | 거미 |
| 6 | 여우 |
| 7 | 토끼 |
| 8 | 하마 |
| 9 | 나비 |
| 10 | 노루 |

[ 3급 ]

| | 2. 재미있는 낱자(22~29쪽) |
|---|---|
| 1 | ㄱ 기역 ㄴ 니은 |
| 2 | ㄷ 디귿 ㄹ 리을 |
| 3 | ㅁ 미음 ㅂ 비읍 |
| 4 | ㅅ 시옷 ㅇ 이응 |
| 5 | ㅈ 지읒 |
| 6 | ㅊ 치읓 |
| 7 | ㅋ 키읔 |
| 8 | ㅌ 티읕 |
| 9 | ㅍ 피읖 |
| 10 | ㅎ 히읗 |

[ 4급 ]

| | 2. 재미있는 낱자(30~33쪽) |
|---|---|
| 1 | ㅏ 아 |
| 2 | ㅑ 야 |
| 3 | ㅓ 어 |
| 4 | ㅕ 여 |
| 5 | ㅗ 오 |
| 6 | ㅛ 요 |
| 7 | ㅜ 우 |
| 8 | ㅠ 유 |
| 9 | ㅡ 으 |
| 10 | ㅣ 이 |

[ 5급 ]

| | 2. 재미있는 낱자(34~53쪽) |
|---|---|
| 1 | 그네 |
| 2 | 고양이 |
| 3 | 자동차 |
| 4 | 풀밭 |
| 5 | 기차 |
| 6 | 나무 |
| 7 | 다리 |
| 8 | 마을 |
| 9 | 비바람 |
| 10 | 언덕 |

[ 6급 ]

| | 3. 글자를 만들어요(54~61쪽) |
|---|---|
| 1 | 개구리 |
| 2 | 바구니 |
| 3 | 고구마 |
| 4 | 가자 가자 감나무 |
| 5 | 바람 솔솔 소나무 |
| 6 | 나무 노래 |
| 7 | 선생님 |
| 8 | 배가 아파 배나무 |
| 9 | 산 |
| 10 | 사다리 |

[ 7급 ]

| | 3. 글자를 만들어요(62~73쪽) |
|---|---|
| 1 | 머리 |
| 2 | 오이 |
| 3 | 두부 |
| 4 | 곤충 |
| 5 | 궁금합니다. |
| 6 | 우주선을 타고 |
| 7 | 별나라 |
| 8 | 달리기 |
| 9 | 도토리 |
| 10 | 가 보고 싶습니다. |

[ 8급 ]

| | 4. 기분을 말해요(74~103쪽) |
|---|---|
| 1 | 공놀이를 좋아해. |
| 2 | 큰 곰이다! |
| 3 | 너무너무 화났어! |
| 4 | 걱정하는 얼굴 |
| 5 | 왜 그러지? |
| 6 | 행복한 |
| 7 | 무서워요. |
| 8 | 장난감 |
| 9 | 기뻐요. |
| 10 | 겁먹은 |

1 다음 낱말을 예쁘게 따라 써 보세요.

| 창 | 문 | | 풀 | 밭 | | 해 | |
| --- | --- | --- | --- | --- | --- | --- | --- |
| | | | | | | | |
| | | | | | | | |
| | | | | | | | |

2 다음 문장을 예쁘게 따라 써 보세요.

| 글 | 자 | 를 | | 만 | 들 | 어 | 요 |
| --- | --- | --- | --- | --- | --- | --- | --- |
| | | | | | | | |
| | | | | | | | |
| | | | | | | | |
| | | | | | | | |

# 글로 쓰고 표현해

공부하다, 놀이하다, 일하다 들처럼 '하다'는 우리가 일상적으로 하는 거의 모든 일을 나타내요. 이런 문장들이 모여 글이 된답니다.

● '하다'의 여러 가지 뜻과 쓰임

1. 사람이나 동물, 물체 따위가 행동이나 작용을 이루다.

예 공부를 하다.

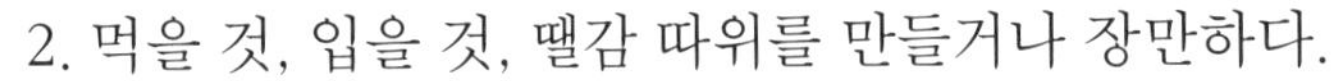

2. 먹을 것, 입을 것, 땔감 따위를 만들거나 장만하다.

예 땔감을 하다.

3. 표정이나 태도 따위를 짓거나 나타내다.

예 슬픈 표정을 하다.

4. 장신구나 옷 따위를 갖추거나 차려입다.

예 목걸이와 귀걸이를 하다.

5. 어떤 직업이나 분야에 종사하거나 사업체 따위를 경영하다.

예 음식점을 하다.

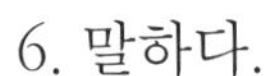

6. 말하다.

예 경찰은 도망간 범인이 잡혔다고 하였다.

7. 값이 어느 정도에 이르다.

예 1800원 정도 한다.

8. (흉내말이나 사람이 한 말 뒤에 써서) 그런 소리가 나다. 그런 소리를 내다.

예 디딜방아가 '쿵쿵' 하고 방아를 찧는다.

**1** 입학을 하자마자 알림장을 받아써야 해요. 3월 한 달 정도는 선생님이 칠판에 쓴 글을 베껴 씁니다. 아래 친구가 쓴 알림장을 한번 따라 써 보세요.

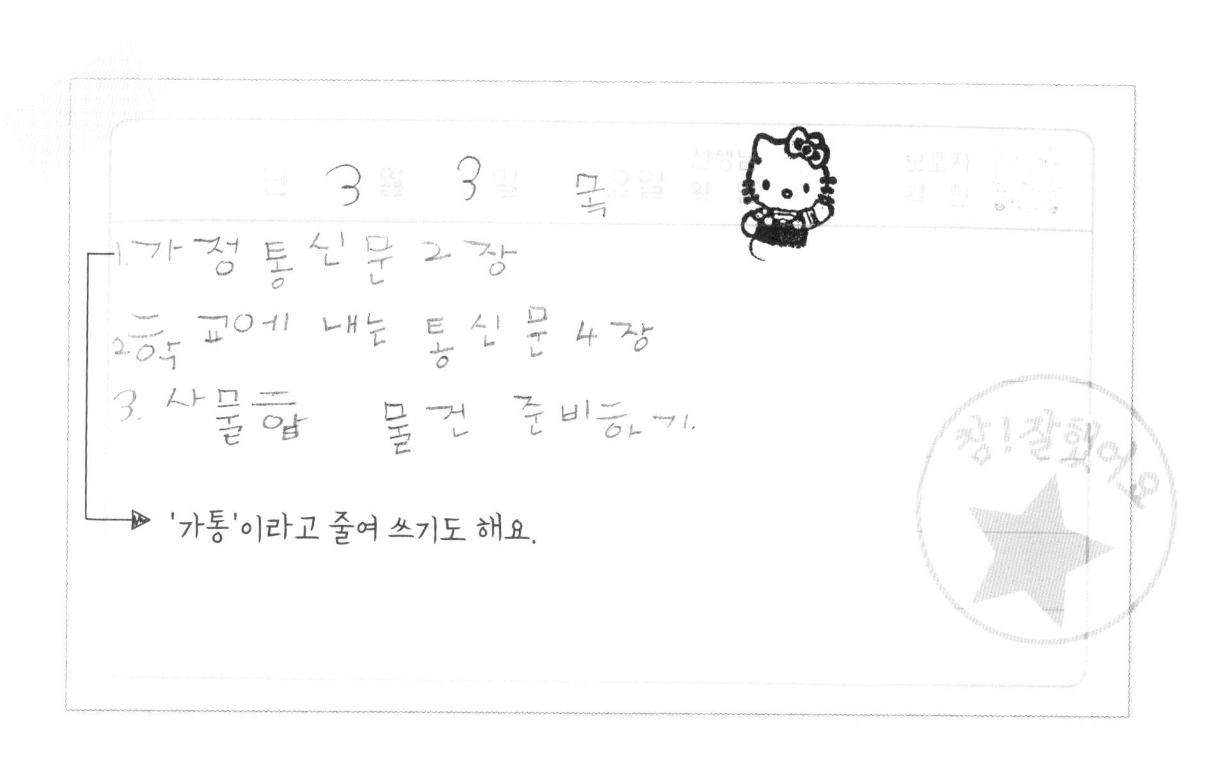


| 월 일 요일 | 선생님 확인 | 보호자 확인 |
|---|---|---|
| | | |
| | | |
| | | |
| | | |
| | | |
| | | |

● 감정을 나타내는 말

감정을 나타내는 낱말과 문장은 주로 1학년 1학기 때 배워요.

받아쓰기는 이 국어 교과서 내용에서 골라내기 때문에 전국의 초등학교에서는 대부분 비슷한 내용의 받아쓰기를 해요.

그러니까 받아쓰기 장에 있는 견본을  눈에 익혀 두면 좋아요.

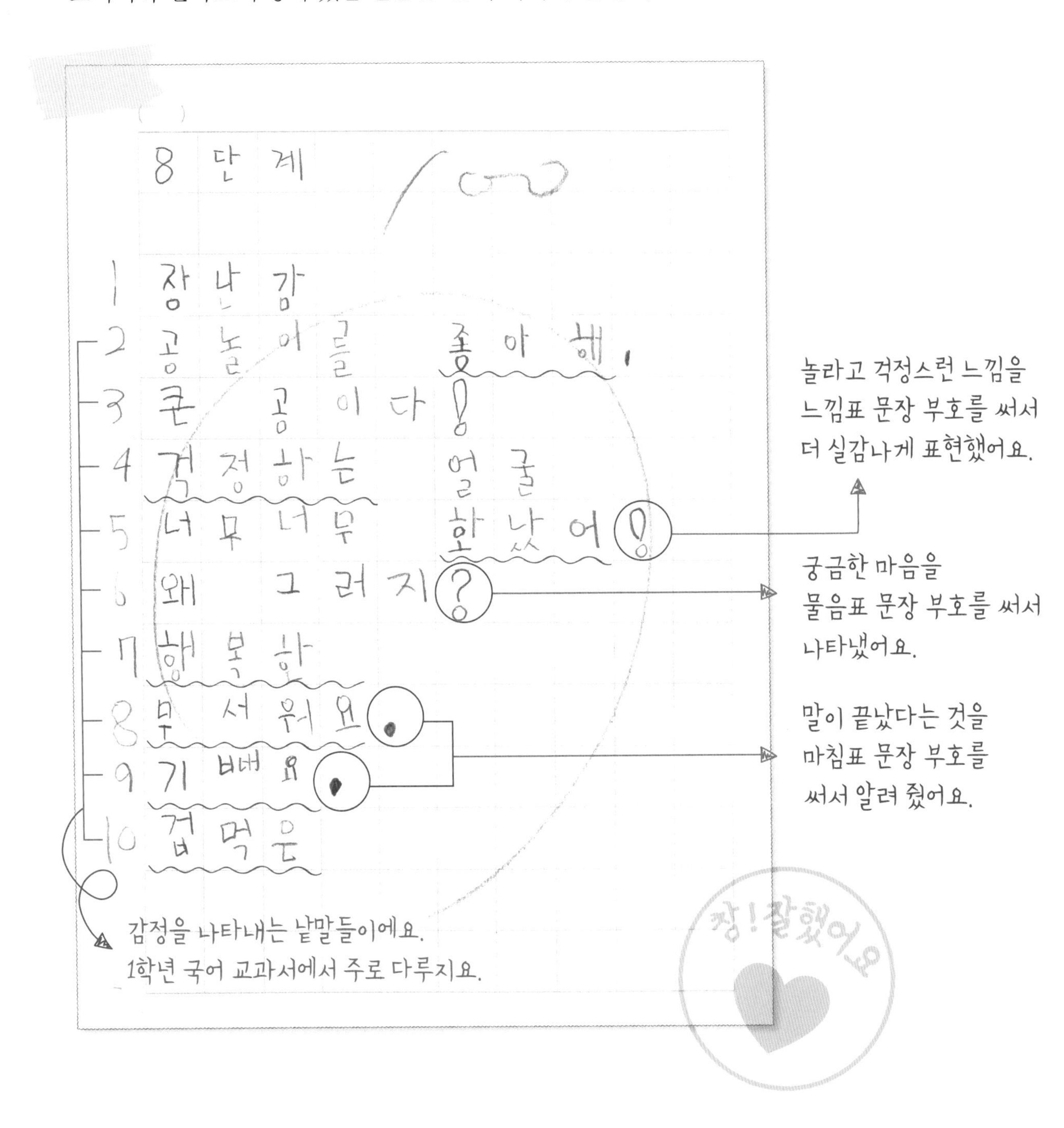

## ● 문장 부호

문장 부호는 글에서 문장을 읽고 알아보기 쉽게 하기 위해서 쓰는 부호예요.(한글 맞춤법 부록) 받아쓰기를 할 때는 문장 부호만 틀려도 틀린 걸로 채점되기 때문에 어떤 때 어떤 부호를 써야 하는지 기억해 둬야 해요.

**1. 마침표(.)** 자기 생각을 평범하게 말하거나, 명령하거나, 권유하는 문장의 끝에 써요.

예 너를 좋아해.

**2. 물음표(?)** 물어보는 문장이나 의문을 나타내는 낱말의 끝에 써요.

예 점심 먹었어?

**3. 느낌표(!)** 감탄하는 문장이나 감탄을 나타내는 낱말 끝에 써요.

예 정말 큰일이야!

**4. 쉼표(,)** 여러 낱말을 늘어놓을 때 그 사이에 써요.

예 근면, 검소, 협동은 우리 겨레의 미덕이다.

선생님, 제가 갈게요.

**5. 큰따옴표(“ ”)** 어떤 사람이 한 말을 그대로 옮겨 적을 때 써요.

예 “선생님, 제가 갈게요.”

이번에는 꼭 이기고야 말겠어.

**6. 작은따옴표(‘ ’)** 마음속으로 한 말을 드러내어 옮겨 적을 때 써요.

예 ‘이번에는 꼭 이기고야 말겠어.’
호연이는 마음속으로 몇 번이나 그렇게 다짐하며 주먹을 불끈 쥐었다.

## 2 문장 부호를 넣어 지금 나의 기분을 문장으로 써 보세요.

# 시간 나타내기

우리는 말을 할 때 아주 자연스럽게 과거, 현재, 미래를 구분해요.
지나간 시간을 과거, 지금 있는 시간을 현재, 앞으로 올 시간을 미래라고 해요.
과거에 했던 일, 현재 하는 일이 따로 있고, 미래에 할 일도 있으니까 하는 때가 언제인지 알 수 있게 써야 해요.

● 과거

이미 벌어진 일은 낱말에 따라 '-았-', '-었-', '-였-'을 씁니다.

예 밥을 먹었다.

● 현재

지금 일어나고 있거나 계속 하고 있는 일은 '-ㄴ-', '-는-'을 씁니다.

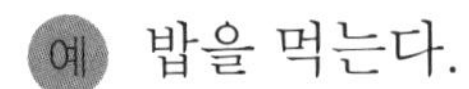

예 밥을 먹는다.

● 미래

앞으로 일어날 일을 쓸 때는 '-겠-', '-ㄹ 것-'을 씁니다.

예 밥을 먹겠다.

하성이의 받아쓰기에서 시간을 나타내는 말을 확인해 볼까요?

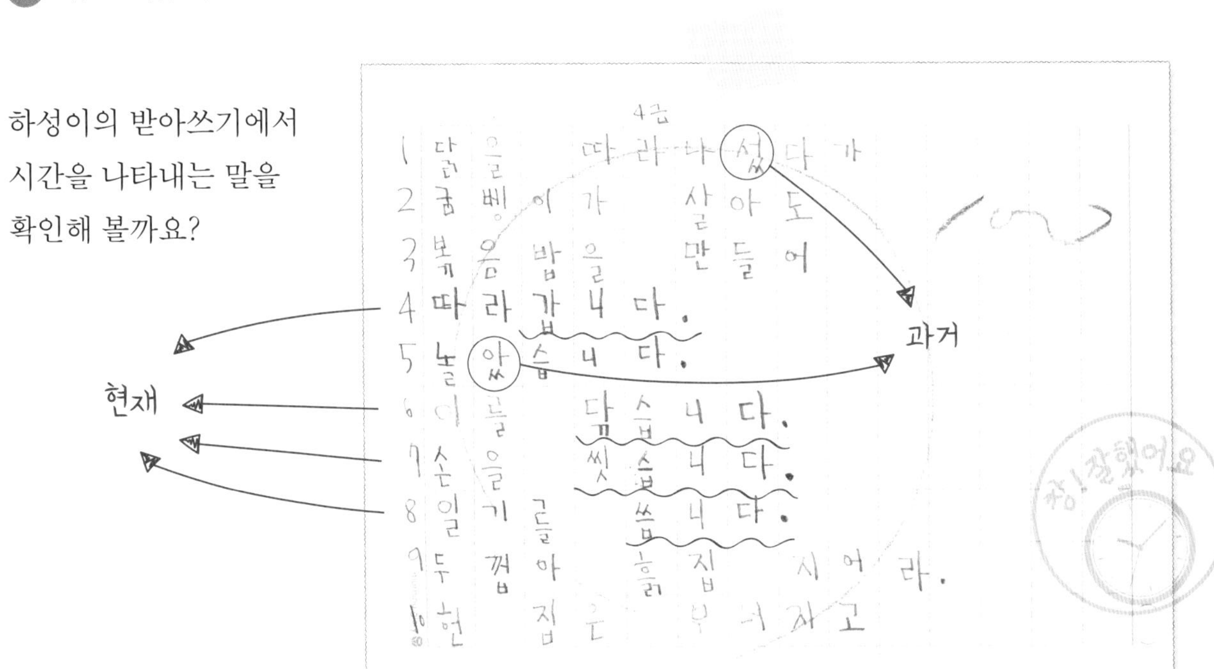

● 때를 나타내는 낱말

그끄저께 — 그저께 — 어제 — 오늘 — 내일 — 모레 — 글피 — 그글피

1. 그끄저께 그저께의 전날. 줄인 말은 그끄제.
2. 그저께 어제의 전날. 줄인 말은 그제.
3. 어제 오늘의 바로 전날.
4. 오늘 지금 지나가고 있는 이날.
5. 내일 오늘의 바로 다음 날.
6. 모레 내일의 다음 날.
7. 글피 모레의 다음 날. 곧 오늘부터 삼 일째 되는 날.
8. 그글피 글피의 다음 날.

보통 일기는 오늘 일어난 일을 쓰기 때문에 '오늘'이라는 낱말이 자주 들어가요.
하지만 이미 한 일이나 벌어진 일을 쓰기 때문에 '-했다'라고 쓰지요.
일기에는 나의 다짐이나 미래를 상상해서 쓸 수도 있어요.
이때는 미래를 나타내는 '-겠-', '-ㄹ 것-'이 들어가기도 하지요.
서연이의 일기를 들여다볼까요?

①,② '놀러 갈 거다', '하게 될 거다'를
써서 미래에 어떻게 하겠다는
의지를 나타냈어요.

## 1 다음의 문장을 과거, 현재, 미래로 바꾸어 나타내 보세요.

| 문장 | 과거 | 현재 | 미래 |
|---|---|---|---|
| 신나게 놀다 | | | |
| 잠을 자다 | | | |
| 책을 읽다 | | | |
| 일기를 쓰다 | | | |
| 국어를 공부하다 | | | |

## 2 때를 나타내는 낱말과 해당하는 날짜를 빈 괄호에 쓰세요.

과거 ← 현재 → 미래

( )( 그저께 )( ) 오늘 ( )( )( 글피 )( )

( 15 일)( 일)( 일) 18 일 ( 19 일)( 일)( 일)( 일)

# 일기

1주차 일기 쓰기의 기본

2주차 쓸 거리 찾기

3주차 일기 잘 쓰는 법

4주차 여러 가지 일기 쓰기

## ● 부모 가이드 ●

일기 쓰기는 아이들이 가장 힘들어 하는 숙제이자
부모의 골칫거리다. 매일 "엄마, 오늘 일기 뭐 써?"
혹은 "나 뭐 했는지 기억이 안 나."의 무한 반복이다.
일기 쓰기만큼 아이들의 글쓰기 능력을 향상시키기에 좋은
방법도 없지만, 잘못하면 글쓰기를 싫어하게 될 수 있다.
그만큼 부모의 지도가 중요하다. 아이들이 일기 쓸 때 가장
어려워하는 점이 일기감 찾기이다. 반복되는 일상 속에서
쓸 거리 찾기란 쉽지 않다. 일기를 쓰기 전, 아이와 함께
하루 동안 있었던 일에 대해 대화를 나누며
일기 글감을 찾도록 부모가 이끌어 주어야 한다.
또한 일기로 국어 공부를 시켜서는 안 된다.
1학년 1학기까지는 맞춤법이나 띄어쓰기를 고쳐 주지 않아도
되는데, 학교에서 받아쓰기나 국어 시간을 통해 점점
나아지기 때문이다. 처음에는 일기 쓰기에 흥미를 붙이고
문장 만드는 훈련을 하는 것만으로도 충분하다.

# 일기 쓰기의 기본

일기란 내가 그날그날 경험한 일이나 생각, 느낌을 적는 기록을 말해요.
보통 잠자리에 들기 전에 오늘 있었던 일을 떠올리면서 씁니다.

● 일기 쓰기의 순서

① 하루 동안 겪은 일 떠올리기

아침부터 저녁까지 하루 동안
있었던 일을 시간 순으로
차근차근 떠올려요.

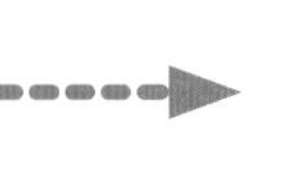

② 기억에 남는 일 고르기

그중에서 가장 기억에 남는 일을
한 가지 고르세요.

③ 날짜, 요일, 날씨 쓰기

날짜는 ○○월 ○○일 ○요일로
정확하게 써요. 날씨는 '찬바람
쌩쌩', '구름 하나 없이 파란 하늘'
처럼 상세하게 쓰는 것이 좋아요.

④ 제목 쓰기

내용을 대표할 수 있어야 해요.
'아빠랑 뮤지컬', '친구가 놀러온 날'
처럼 내용을 읽지 않고도 어떤
이야기인지 알 수 있도록 적어요.

⑤ 겪은 일 쓰고 그림 그리기

②에서 고른 것을 써 보세요.
그때 어떤 생각이나 느낌이 들었는지
솔직하게 써 보아요.
그림으로도 그려 보세요.

⑥ 일기 읽고 다듬기

다 쓴 일기를 다시 읽어 보세요.
틀리게 쓴 글자가 없는지,
고칠 내용은 없는지 살펴보세요.

날짜는 왜 써야 하나요?

날짜를 적지 않으면 나중에 그 일기가 언제 쓴 일기인지 알기 어렵기 때문이에요.
정확한 날짜와 날씨를 적으면 그날의 기억을 더 생생하게 떠올릴 수 있지요.

 해율이의 일기로 알아보는 일기에 꼭 들어가야 할 것

8월 3일 일요일

날씨 해님이 구름 뒤에 숨은 날

제목 : 수영을 배우기 시작하다

방학 동안 친구들과 수영을 배우게 되었다. 수영복도 사고 물안경도 샀다. 물이 코에 들어가니까 아팠지만 재미있었다. 내일도 기대된다.

해율이는 일기에 꼭 들어가야 할 요소를 빠뜨리지 않고 넣었어요.
수영을 처음 배우기 시작한 날의 모습을 잘 표현했어요.



언제 있었던 일인지 쓰세요.

그날의 날씨에 대해 자세히 써요.

가장 중요한 내용을 그림으로 그려요.

일기의 내용이 담긴 적당한 길이의 제목을 써요.

하루 동안 가장 기억에 남는 일을 써요.

자신의 생각이나 느낌을 써요.

# 1 민서의 일기를 읽고 물음에 답해 보세요.

(1) 민서의 일기에서 빠진 것은 무엇과 무엇인가요?

(2) 다음 중 일기와 가장 잘 어울리는 제목을 골라 ○표 하세요.

① 소 ② 달구지 ③ 즐거운 소달구지 체험

## 2 현식이의 일기를 읽고 그림과 내용에 어울리는 제목을 써 보세요.

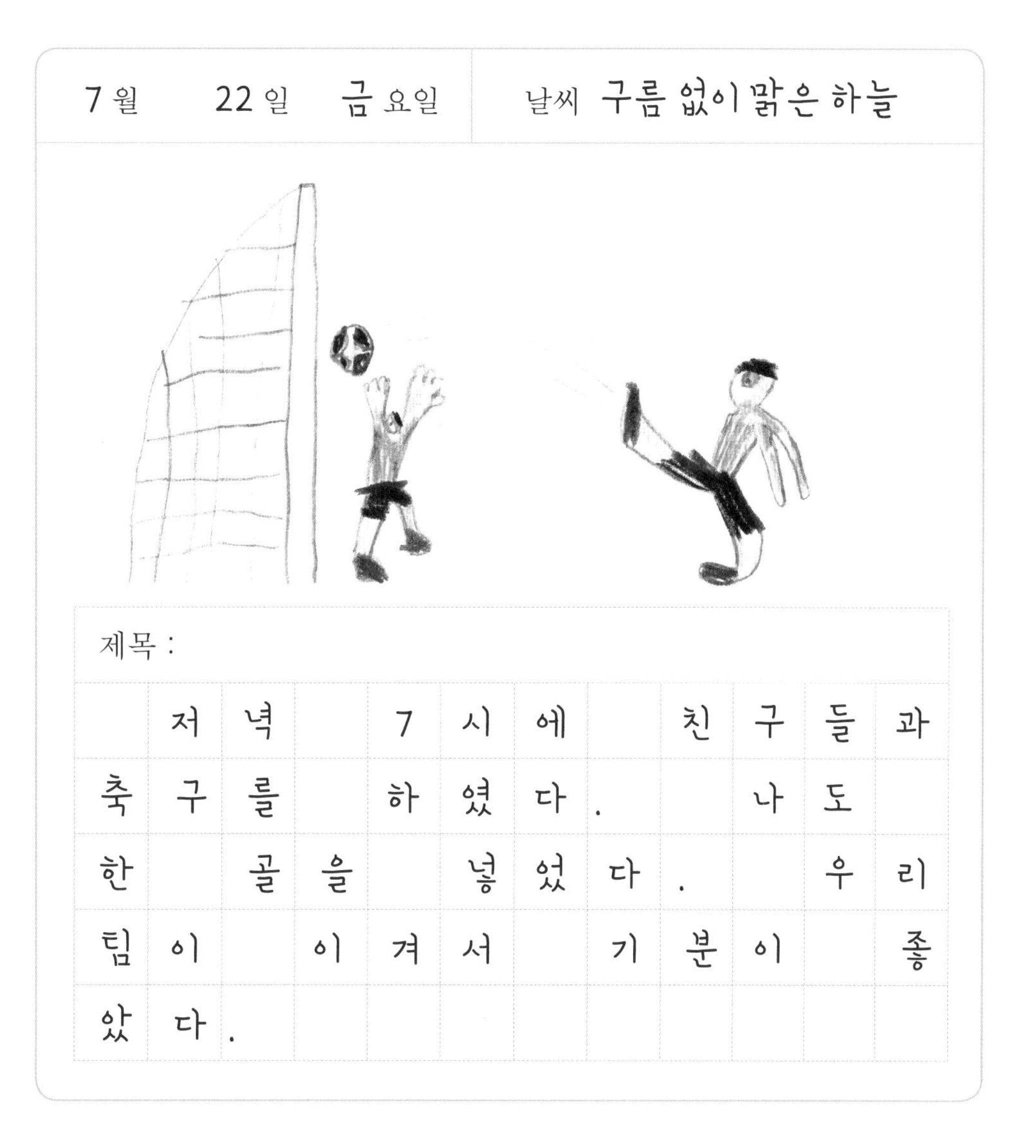

7월 22일 금요일 | 날씨 구름 없이 맑은 하늘

제목 :

저녁 7시에 친구들과 축구를 하였다. 나도 한 골을 넣었다. 우리 팀이 이겨서 기분이 좋았다.

## 3 다음 일기를 읽고 제목과 어울리지 않는 내용에 밑줄을 그어 보세요.

제목 : 잠자리 만들기

가을 시간에 색종이로 잠자리를 만들었다. 또 한복도 만들었다.

# 쓸 거리 찾기

"오늘은 일기 쓸 게 없어요!" 일기를 쓰다 보면 가장 많이 하는 말이지요.
학교에 가고, 밥을 먹고, 텔레비전을 보고……. 어제랑 똑같았다고요?
재미있는 일이 없었다고요? 일기는 특별한 일만 쓰는 게 아니에요.
똑같은 일상처럼 보여도 일기로 쓰면 특별한 일이 되기도 한답니다.

## ● 일기 글감 찾기

하루 동안 겪은 일을 시간 순서대로 정리해 보세요.
그중에서 가장 기억에 남는 일을 하나 골라 일기로 쓰면 됩니다.

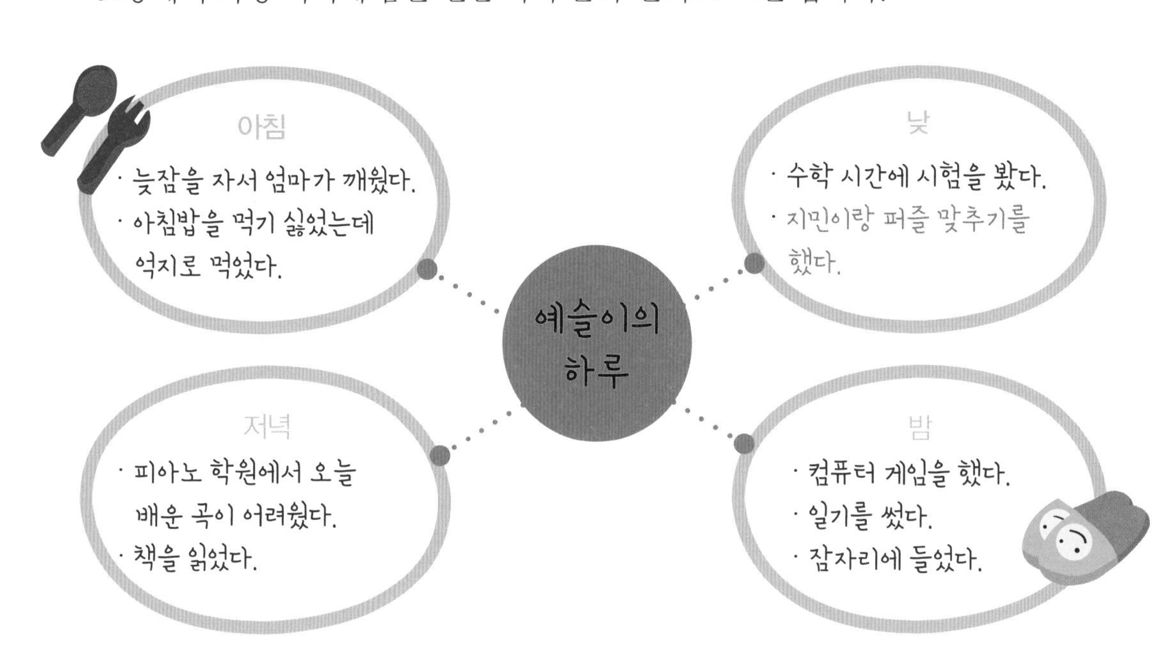


### 꼭 한 가지 이야기만 써야 하나요?

"나는 아침에 일어나서 밥을 먹고 학교에 갔다. 학교가 끝나고 친구와 놀이터에서 만나 놀았다. 학원 갈 시간이 되어 피아노 학원에 갔다." 일기가 평범하고 재미가 없지요? 이처럼 한 가지 글감을 정하지 않고 쓰면 하루 일과를 늘어놓는 일기가 되고 말아요. 한 가지 글감을 정해 자세히 쓰는 것이 좋아요.

 하루 중 가장 기억에 남는 일을 골라 쓴 예슬이의 일기

11 월 4 일 수 요일 | 날씨 해님이 구름 뒤에 숨은 날

제목 : 즐거운 퍼즐 맞추기

 학교가 끝나고 지민이랑 우리 집에서 같이 퍼즐을 맞췄다. 시간이 가는 줄도 모르고 맞췄지만 다 못 맞춰서 아쉬웠다. 다음엔 꼭 다 맞출 것이다.

예슬이는 지민이와 퍼즐 맞춘 일을 일기로 썼어요.
퍼즐을 다 못 맞춘 게 아쉬워서 가장 기억에 남았나 봐요.

참! 잘했어요

## 1 하루 동안 내가 겪은 일을 떠올려 보세요.

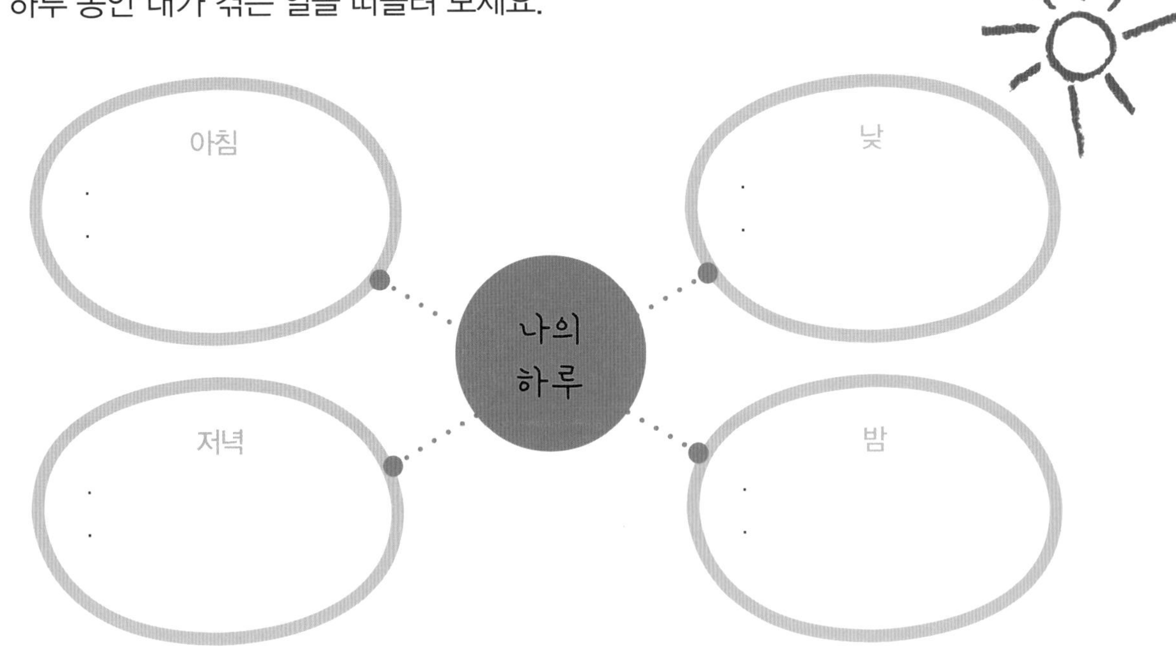


## 2 1번 문제에 적은 내용 중 가장 기억에 남는 일을 골라서 써 보세요.

(1) 언제 어디에서 있었던 일인가요?

(2) 무슨 일이 있었나요?

(3) 어떤 생각이나 느낌이 들었나요?

3 2번 문제에서 답한 내용을 바탕으로 일기를 써 보세요.

| 월 일 요일 | 날씨 |
|---|---|

제목 :

# 일기 잘 쓰는 법

글감을 골랐다면 일기 쓸 준비를 다 마친 거예요.
그런데 일기를 두세 줄 쓰고 나니 더는 쓸 내용이 없다고요?
일기를 좀 더 잘 쓸 수 있는 비법을 알려 줄게요.

● 일기 실력이 쑥쑥 늘어나는 다섯 가지 비법

**1. 때와 장소 쓰기**

내가 쓰려고 하는 일이 하루 중 언제, 어디에서 일어났는지 쓰세요.

예 학교에서 "이웃" 수업 시간에 안대를 쓰고 시각 장애인 체험을 했다.

**2. 있었던 일 자세히 쓰기**

경험한 일을 차근차근 되짚으며 자세하게 쓰세요.

예 점토를 칼국수처럼 길게 돌돌 말아서 그릇을 만들었다.

**3. 생각이나 느낌 쓰기**

있었던 일만 쓰지 않고 그때 들었던 생각이나 느낌을 솔직하게 쓰세요.

예 전에는 먹지 않던 콩을 먹었는데 맛이 고소했다. 앞으로는 골고루 먹어야겠다.

**4. 대화 글 넣어 쓰기**

다른 사람과 주고받은 대화를 넣으면 일기가 생생하고 재미있어져요.

예 엄마가 "물컵을 들고 침대에 올라가면 안 돼!" 하고 꾸중하셨다.

**5. 꾸며 주는 말 덧붙이기**

꾸며 주는 말을 넣으면 글을 자세하고 실감 나게 나타낼 수 있어요.

예 뜨거운 국물을 호호 불어서 식혀 가며 컵라면을 먹었다.

**생각이나 느낌은 왜 써야 하나요?**

생각이나 느낌이 없는 글은 일기라기보다는 있는 사실을 기록한 기록문이라고 할 수 있어요.
나의 마음을 일기에 솔직하게 표현하다 보면 생각하는 힘도 기를 수 있으니 꼭 써야 해요.

 생각과 느낌이 잘 드러난 희경이의 일기

7월 25일 토요일 | 날씨 맑았다가 빗방울 뚝뚝

제목 : 언니랑 싸운 날

언니랑 싸웠다. 내가
오카리나를 불고 있는데
언니가 쿠션으로 때렸기
때문이다. 정말 아팠다.
엄마가 내가 가장 좋아
하는 비빔면을 해 주셨
는데도 속상해서 안 먹
었다. 언니는 참 나빴
다.

언니랑 싸워서 속상한 희경이의 솔직한 마음이 잘 담겨 있는 일기예요.
가장 좋아하는 비빔면도 안 먹었다는 걸 보니 정말 속상했나 봐요.
그래도 일기에 털어놓으니 마음이 한결 가벼워졌을 거예요.

참! 잘했어요

## 1 다음은 느낌을 나타내는 말입니다. 아래 낱말을 이용하여 하루 동안 있었던 일을 써 보세요.

| 😃 | ☹ |
| --- | --- |
| 기쁘다 즐겁다 신나다 뿌듯하다<br>재미있다 고맙다 웃기다 신기하다<br>감동적이다 가슴이 두근두근하다<br>우쭐하다 자랑스럽다 통쾌하다 | 슬프다 우울하다 쓸쓸하다 속상하다<br>창피하다 지루하다 아쉽다 긴장하다<br>부끄럽다 놀라다 안타깝다 답답하다<br>불쌍하다 무섭다 불안하다 섭섭하다 |

| 예 지안이의 하루 | 나의 하루 |
| --- | --- |
| 오늘은 동요 부르기 대회가<br>있었다. 우리 차례가 되자<br>긴장되어 가슴이 두근두근했다.<br>대회를 잘 마쳐서 뿌듯했다. | |

## 2 보기 처럼 다음 문장을 대화 글로 바꾸어 보세요.

보기

선생님이 친구 얼굴에는 물총을 쏘지 말라고 하셨다.

⇒ "친구 얼굴에 물총을 쏘면 안 돼요."라고 선생님께서 말씀하셨다.

빨래 개는 걸 도와드렸더니 엄마가 예쁘게 갰다고 칭찬해 주셨다.
나는 내일도 도와드리겠다고 말했다.

⇒

## 3 보기 처럼 꾸며 주는 말을 (　　　　　) 안에 넣어 일기를 완성하세요.

보기

갑자기 하늘에 구름이 몰려오더니 비가 내렸습니다.

⇒ 갑자기 파란 하늘에 검은 구름이 몰려오더니 비가 주룩주룩 내렸습니다.

7 월 27 일 월 요일 | 날씨 햇살이 앗 뜨거워!

제목 : 바다는 즐거워!

햇볕이 (　　　　　) 내리쬐는 무더운 여름날

해수욕장에 갔다. 바닷물에 (　　　　　) 뛰어들어

(　　　　　) 물장구도 치고 파도타기도 했다.

모래로 (　　　　　) 집도 만들었다.

바다에 오면 기분이 (　　　　　) 좋다.

# 여러 가지 일기 쓰기

매일 똑같은 일기는 지루하고 재미없지요?
다양한 형식으로 일기를 써 보면 일기 쓰기가 재미있어질 거예요.
책을 읽고 느낀 점을 일기로 쓰거나, 개미를 관찰해서 관찰 일기를 써도 돼요.
엄마 아빠에게 편지를 쓰거나 동시를 한 편 지어도 좋아요.

## ● 다양한 일기 형식

1. 독서 일기
책을 읽고 느낀 점을 쓰는 독서 감상 일기예요. 동화책을 읽었다면 기억에 남는 장면을, 과학책이나 역사책이라면 새롭게 알게 된 사실을 써요.

2. 편지 일기
편지 형식으로 쓰는 일기예요. 부모님이나 선생님, 친구 등 주위 사람들에게 쓰거나, 책의 주인공 혹은 연예인처럼 만나고 싶은 사람에게 써요.

3. 관찰 일기
한 가지 대상을 정해 자세히 관찰한 다음 그 모양과 특징, 느낀 점을 쓰는 일기예요. 기르는 강아지나 꽃, 길에서 본 개미, 친구나 가족 등을 관찰하고 써 보세요.

4. 동시 일기
나의 마음이나 생각을 짧고 쉬운 말로 노래한 글을 동시라고 해요. 동시로 일기를 쓰면 문장을 이해하는 능력은 물론, 상상력과 창의성을 기를 수 있어요.

5. 학습 일기
학교나 학원에서 배운 내용 중에 중요하거나 재미있었던 내용을 써요. 일기를 쓰면서 복습도 할 수 있어서 공부에 도움이 됩니다.

### 그림 그리기 싫은 날에는 사진 일기!

그림을 그리기 싫은 날에는 그림 대신 사진을 찍어서 붙여 보세요.
박물관이나 미술관을 다녀왔다면 입장권이나 팸플릿을 붙여도 좋아요!

## 책을 읽고 쓴 주현이의 독서 일기

4 월 28 일 목 요일 | 날씨 봄바람이 살랑살랑

가장 인상 깊었던 장면을 그림으로 그려요.

읽은 책의 제목을 써요.

제목 : 《이순신》을 읽고

이순신 장군은 1592년 임진왜란이 일어났을 때 왜군과 용감하게 싸우신 분이다. 노량 해전에서 승리하고 돌아가신 장면이 기억에 가장 남는다.

가장 기억에 남는 장면을 써요.

이순신 장군이 다시 살아나서 우리나라를 지켜 주셨으면 좋겠다.

책을 읽고 느낀 점을 적어요.

주현이는 《이순신》이라는 책을 읽고 독서 일기를 썼어요.
기억에 남는 장면과 느낀 점을 아주 잘 썼네요.

# 1 지안이가 쓴 관찰 일기를 읽고 물음에 답해 보세요.

9 월 27 일 화요일 | 날씨 우산이 필요한 날

제목 : 내 동생

내 남동생 이름은 최지호이다. 얼굴도 동글동글, 눈도 동글동글하다. 공룡을 가장 좋아하고 책 읽기를 싫어한다. 내 동생은 말썽꾸러기이지만 귀여워서 화를 낼 수가 없다.

(1) 지안이는 무엇을 관찰하고 일기를 썼나요?

(2) 지호가 가장 좋아하는 것은 무엇일까요?

## 2 다음 동시 일기를 읽고 재미있는 표현에 ○표를 해 보세요.

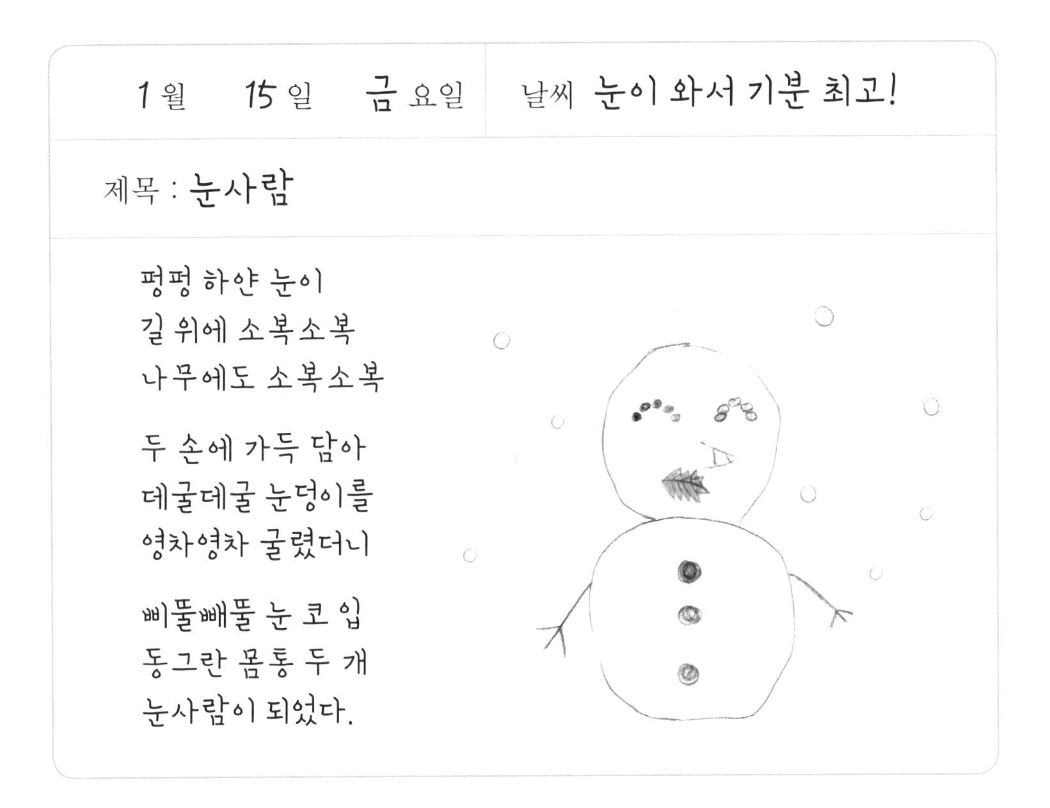

| 1 월 15 일 금 요일 | 날씨 눈이 와서 기분 최고! |
|---|---|

제목 : 눈사람

펑펑 하얀 눈이
길 위에 소복소복
나무에도 소복소복

두 손에 가득 담아
데굴데굴 눈덩이를
영차영차 굴렸더니

삐뚤빼뚤 눈 코 입
동그란 몸통 두 개
눈사람이 되었다.

## 3 부모님에게 감사하는 마음을 담아 편지 일기를 써 보세요.

| 월 일 요일 | 날씨 |
|---|---|
| 제목 : | |
| 받는 사람 | 께 |
| 전하고 싶은 말 | |
| 쓴 사람 | |

# 독서록

1주차 줄거리를 담아서

2주차 그림으로 나타내면

3주차 편지로 써 볼까

4주차 동시를 짓자

## ● 부모 가이드 ●

그동안 수많은 교과 과정과 학습 목표가 개정되었지만,
독서만큼은 오랜 시간 그 비중과 중요성이 강조됐다.
독서는 아이들의 사고력·창의력·상상력을 포함한
기초 학습 능력을 향상시키는 가장 기본적이고
효과적인 활동으로, 글을 정확하게 읽고
주제를 파악해 내는 능력을 키우는 데도 도움이 된다.
독서 활동은 독서 후 다양한 형식의 독서록을 작성하는
것까지를 포함한다. 독서록은 책을 읽는 동안 들었던
자신의 느낌이나 생각을 정리해 보는 활동이다.
이러한 독서록을 작성하면 어휘력과 구성력, 상상력 등을
향상시킬 수 있다. 독서록은 정확한 답이 없는 활동이므로
규칙이나 틀에 얽매이지 않고, 아이의 자유로운 발상이
표현될 수 있게 지도해 주는 게 좋다.

# 줄거리를 담아서

책을 읽고 마음에 떠오르는 느낌과 생각을 자유롭게 표현한 글을 독서록이라고 해요.
독서록을 쓰면 읽은 책의 내용과 책에서 받은 감동을 오래 간직할 수 있답니다.
독서록의 형식은 아주 다양한데 1주차에서는 재미있는 이야기를 담은
'줄거리가 담긴 독서록' 쓰기에 대해 알아보도록 해요.

● 줄거리가 담긴 독서록을 쓰려면

1. 책의 제목과 지은이의 이름은 무엇인지 살펴보세요.

2. 책의 주인공과 등장인물들은 누구인지 알아보세요.

3. 책의 내용을 간추려 줄거리를 정리해 보세요.

   내용을 간추리려면 '책의 주인공은 누구인가',
   '언제 어디에서 일어난 일인가', '주인공에게 일어난 일은
   무엇인가'를 되짚어 보고 차례에 맞게 정리하면 돼요.

4. 책을 읽는 동안 어떤 생각과 느낌이 들었는지
   생각해 보세요.

   1~4까지의 내용을 순서대로 쭉 적어 내려가다 보면
   줄거리가 담긴 독서록이 완성될 거예요!

 책을 읽고 난 뒤, 나의 생각과 느낌을 정리하기 어렵다면!

독서록을 쓸 때 나의 생각이나 느낌을 정리하는 것이 어렵다면 가장 먼저 주인공의 행동 중 잘한 점과
못한 점을 골라 보세요. 그런 다음 왜 그렇게 생각했는지 차근차근 떠올려 보면 책의 전반적인 흐름과
그 흐름에 따라 변화한 나의 생각과 느낌을 정리할 수 있지요.

## 선영이의 줄거리가 담긴 독서록

| 읽은 날짜 : 2016년 11월 1일 | 기록한 날짜 : 2016년 11월 1일 |
|---|---|
| 책 제목 : 토끼와 거북이 | 지은이 : 이재문 |

주인공

숲속에 토끼와 거북이가 있었습니다. 거북이가 달리기 경주에서 자기가 이길지도 모른다고 하니 토끼가 자기와 경주를 하자고 했습니다. 거북이는 느렸지만 최선을 다해 엉금엉금 갔지만 토끼는 너무 자만해서 낮잠만 잤습니다. 그래서 거북이가 경주에서 이겼습니다.

책의 줄거리

토끼가 낮잠을 자고 일어나 허둥대던 장면이 가장 재미있었습니다. 또 잘난 척하지 말고 노력을 해야만 이길 수 있다는 것을 깨달았습니다.

책에 대한 생각과 느낌

독서록을 쓸 때 이 책을 읽게 된 이유나 계기를 함께 써 주면 더욱 완성도 높은 독서록이 됩니다.

## 1 민서와 서우가 쓴 줄거리가 담긴 독서록을 살펴보고, 잘못된 점은 무엇인지 이야기해 보세요.

(1) 민서의 독서록

| 읽은 날짜 : 2016년 9월 30일 | 기록한 날짜 : 2016년 10월 3일 |
|---|---|
| 책 제목 : 누가 일등이지? | 지은이 : 다운 케이시 |

1등은 쥐, 2등은 소, 3등은 호랑이, 4등은 토끼, 5등은 용, 6등은 뱀, 7등은 말, 8등은 양, 9등은 원숭이, 10등은 닭, 개는 11등 그리고 꼴찌는 돼지입니다.

(2) 서우의 독서록

| 읽은 날짜 : 2016년 7월 16일 | 기록한 날짜 : 2016년 7월 16일 |
|---|---|
| 책 제목 : 징!징!징! 바이올린 | 지은이 : 로이드 모스 |

이 책의 주제는 모두 나와서 재밌는 연주를 하는 것이다.

## 2 가장 기억에 남는 책 하나를 골라 줄거리가 담긴 독서록을 써 보세요.

| 읽은 날짜 : 년 월 일 | 기록한 날짜 : 년 월 일 |
|---|---|
| 책 제목 : | 지은이 : |

# 그림으로 나타내면

책을 읽고 나서 자신의 생각과 느낌을 그림으로 그려 보세요.
좀 더 쉽고 재미있게 독서록을 쓸 수 있어요.

● 그림 독서록의 형식

1. 책 표지를 그린 독서록
① 책 표지를 잘 살펴보고 표지에 어떤 그림이 그려져 있는지 확인하세요.
② 원래의 표지를 그대로 따라 그려 보거나, 책의 내용을 보여 줄 만한 그림으로 표지를 새롭게 그려 보세요.

2. 기억에 남는 장면을 그린 독서록
① 책에서 가장 기억에 남는 장면이나 그림을 하나 고르세요.
② 고른 장면을 그림으로 그린 뒤, 장면에 대한 설명이나 느낌을 덧붙여 보세요.

3. 주인공을 그린 독서록
① 책 속에 나오는 주인공의 생김새나 특징을 자세히 살펴보세요.
② 주인공의 생김새나 특징이 잘 드러나도록 그림으로 그려요. 그림 아래 주인공을 소개하는 글도 함께 적어 보세요.

4. 네 컷 만화로 그린 독서록
책의 줄거리를 네 장면으로 간추려서 그려 보세요. 이야기 속 가장 중요한 사건 네 개를 뽑아, 모아 놓는다고 생각하면 더 쉽지요.

상상력을 키워 주는 그림 독서록

그림 독서록의 형식은 위에서 소개한 것 말고도 많아요. 예를 들어 뒷이야기 상상해서 그리기, 독서 그림일기 쓰기, 그림 퍼즐 만들기, 생각이나 느낌을 자유롭게 그리기 등 아주 다양하지요. 그림 독서록은 상상력과 창의력을 키워 주는 활동으로, 미적 감각을 기르는 데도 큰 효과가 있답니다.

## 기억에 남는 장면을 그린 주현이의 그림 독서록

| 읽은 날짜 : 2016년 3월 4일 | 기록한 날짜 : 2016년 3월 4일 |
|---|---|
| 책 제목 : 루트비히 판 베토벤 | 지은이 : 권은경 |

귀가 들리지 않아도 포기하지 않고 열심히 피아노를

치던 베토벤이 존경스러웠다. 나도 베토벤처럼

피아노를 잘 쳤으면 좋겠다.

참! 잘했어요

주현이는《루트비히 판 베토벤》이라는 책에서 귀가 먼 베토벤이 피아노를 치는 장면을 그림으로 그렸어요. 또 이 장면에 대한 자신의 생각을 덧붙여 그림을 더욱 돋보이게 했지요.

## 1 다음 그림 독서록의 형식은 무엇일까요?

| 읽은 날짜 : 2016년 5월 10일 | 기록한 날짜 : 2016년 5월 10일 |
|---|---|
| 책 제목 : 곰 잡은 할아버지 | 지은이 : 최미경, 나예정 |

## 2 내가 완성하고 싶은 그림 독서록을 생각하며 물음에 답해 보세요.

(1) 그림 독서록을 쓸 책의 제목은 무엇인가요?

(2) 어떤 형식의 그림 독서록을 선택했나요?

(3) 그림으로 그리고 싶은 장면이나 인물은 무엇인가요?

(4) 위에서 고른 장면에 대한 설명이나 느낌을 적어 보세요.

## 3 2번 문제에서 답한 내용을 바탕으로 그림 독서록을 완성하세요. 또 그림에 대한 설명이나 느낌을 덧붙여 보세요.

| 읽은 날짜 :　　년　　월　　일 | 기록한 날짜 :　　년　　월　　일 |
| --- | --- |
| 책 제목 : | 지은이 : |

# 편지로 써 볼까

책을 읽는 동안 책 속의 주인공이나 등장인물에게 하고 싶은 말이 떠올랐다면 그 말을 편지로 써 보세요. 이처럼 책 속 주인공이나 등장인물, 지은이에게 편지 형식으로 쓰는 독서록을 '편지 독서록'이라고 해요.

● 편지 독서록 쓰는 법

1. 편지 독서록을 작성할 책을 고르세요.

2. 책 속 등장인물 중에서 누구에게 편지를 쓸 것인지 생각해 보세요.

3. 어떤 내용으로 편지를 쓸지 고민해 보세요.

   등장인물들의 행동 중 안타까웠던 점이나 등장인물과 비슷한 경험을 했던 일을 이야기해도 좋아요. 또는 등장인물들에게 궁금한 점, 칭찬하고 싶은 점, 등장인물들의 행동 중 잘못된 점을 지적해 줄 수도 있지요.

4. 편지의 형식은 잘 갖추었는지 다시 한 번 확인하세요.

   편지에는 부르는 말, 첫인사, 하고 싶은 말, 끝인사, 보내는 날짜, 그리고 보내는 사람과 받는 사람의 이름이 들어가야 해요.

'독서 엽서 쓰기'도 재미있어요!

독서 엽서란 감명 깊게 읽은 책이나 재미있는 책을 친구들에게 추천해 주기 위해 쓰는 편지를 말해요. 엽서에 자기 소개를 간단히 적은 뒤, 책 제목과 지은이, 책을 추천하는 이유를 짧게 적으면 되지요. 엽서에 빈 공간이 있다면 책의 내용과 연관된 예쁜 그림을 함께 그려 주세요. 그럼 더욱 특별한 독서 엽서가 완성되겠죠?

### 해율이의 편지 독서록

| 읽은 날짜 : 2016년 6월 12일 | 기록한 날짜 : 2016년 6월 12일 |
|---|---|
| 책 제목 : 나도 할 말이 있어 | 지은이 : 안미란 |

부르는 말, 첫인사 ← 무돌아, 안녕? 반가워.

나는 네가 친구들에게 놀림을 당할 때 마음이 아팠어.
나는 네가 친구들에게 놀림을 당할 때 당당하게 "하지 마!"라고 말하거나 어른에게 도움을 요청했으면 좋겠어.
왜냐하면 네가 그렇게 가만히 있으면 친구들이 더 놀릴 게 뻔하거든. 하지만 네가 "하지 마!"라고 당당하게 말한다면, 친구들도 더 이상 너를 놀리지 않을 거야.
또 어른들에게 도움을 요청하면 어른들이 너를 도와주고 잘 보살펴 줄 거야. 알겠지?

→ 등장인물에게 해 주고 싶은 말

끝인사 ← 친구들과 사이좋게 지내고 학교 생활 즐겁게 하기를 바라. 안녕.

보내는 날짜 ← 2016년 6월 12일

받는 사람과 보내는 사람 ← 무돌이에게 해율이가

참 잘했어요

## 1 다음 편지 독서록을 살펴보고, 물음에 답해 보세요.

| 읽은 날짜 : 2016 년 12 월 1일 | 기록한 날짜 : 2016 년 12 월 1일 |
|---|---|
| 책 제목 : 도깨비 방망이 | 지은이 : 홍영우 |
| 욕심쟁이 친구에게 | |
| 너무 욕심 부리고 부자가 될 생각은 하지 마. 왜냐하면 | |
| 너무 욕심만 부리면 도깨비한테 혼쭐이 날 지도 몰라. | |
| 성우가 | |

(1) 누가 누구에게 쓴 것인가요?

( )가 ( )에게 썼습니다.

(2) 이 편지를 쓴 사람이 하고 싶은 말은 무엇이었나요?

(3) 위의 편지 독서록에 빠져 있는 내용을 모두 골라 보세요.

① 첫인사 ② 하고 싶은 말 ③ 보내는 날짜
④ 끝인사 ⑤ 받는 사람 이름

## 2 책 속 등장인물에게 하고 싶은 말을 담아 편지 독서록을 써 보세요.

| 읽은 날짜 : 년 월 일 | 기록한 날짜 : 년 월 일 |
| --- | --- |
| 책 제목 : | 지은이 : |

# 동시를 짓자

동시란 운율을 살려 노래를 부르듯이 쓴 짧은 글이에요.
책을 읽는 동안 들었던 생각이나 느낌, 책의 줄거리 등을 동시로 옮기면
그냥 글로 쓰는 것보다 훨씬 더 재미있는 독서록을 쓸 수 있답니다.
동시 독서록을 쓸 때에는 책 전체 내용이나 가장 인상 깊었던 장면을 주제로 정한 뒤,
그 내용을 되도록 짧은 글로 나타내면 돼요.

● 동시 독서록을 잘 쓰려면

1. 흉내 내는 말 넣기

첨벙첨벙, 쏴아, 쿵쾅쿵쾅 등 소리나 행동을 흉내 내는 말을 넣으면 훨씬 더 재미있고 실감 나는 동시를 쓸 수 있어요.

예 뒤뚱뒤뚱 아기 오리가
꽥꽥 엄마 오리 따라
졸졸졸졸 졸졸졸졸.

2. 반복되는 말을 사용하여 운율 살리기

운율이란 말에서 느껴지는 리듬을 말해요. 반복되는 말을 사용하면 자연스럽게 운율이 생기는데 그럼 꼭 노래를 부르고 있는 것처럼 느껴지지요.

예 깡충깡충 토끼 한 마리가
깡충깡충 산속으로
깡충깡충 멀리멀리 뛰어가다가
아이코, 구멍 속에 쏙!

 동시의 연과 행을 구분해요!

동시를 쓸 때에는 행과 연을 구분해서 써야 해요. 책을 읽고 난 후에 쓰는 동시 독서록의 경우, 책 속의 장면이나 내용이 바뀔 때에 연을 함께 바꾸어 주는 것이 좋지요. 또, 동시를 다 쓴 다음 빈 공간에 그림을 그려 넣으면 멋진 시화(시와 그림)가 완성된답니다.

## 지윤이의 동시 독서록

| 읽은 날짜 : 2016년 10월 11일 | 기록한 날짜 : 2016년 10월 11일 |
| --- | --- |
| 책 제목 : 무지개 물고기 | 지은이 : 마르쿠스 피스터 |

동시의 제목을 지을 때에는 책의 제목을 그대로 적어도 좋고, 동시의 내용에 맞게 새로 지어도 좋아요. → 무지개 물고기

최지윤

알록달록 무지개 물고기가
뻐끔뻐끔 바닷속을 헤엄치네.

빨주노초파남보 무지개 물고기
반짝반짝 빙글빙글 → 흉내 내는 말

친구들이 부러워서
예쁜 비늘 나도 하나만

줄까 말까?
줄까 말까? → 반복되는 말

뻐끔뻐끔 바닷속 물고기들
반짝반짝 헤엄치네.

무지개물고기

짱! 잘했어요

《무지개 물고기》라는 책을 읽고 쓴 동시 독서록이에요. 이 동시 독서록은 예쁜 비늘을 가지고 있던 무지개 물고기가 친구들에게 비늘을 나누어 주고 사이좋게 지내게 된다는 줄거리를 담고 있어요.

## 1 하성이가 쓴 동시 독서록을 살펴보고 물음에 답해 보세요.

힘든 매미

장하성

매미는 힘들다.
㉠ 땅속에서 나오고
㉡ 나무에 올라가고
껍질을 벗고
날개를 말리고

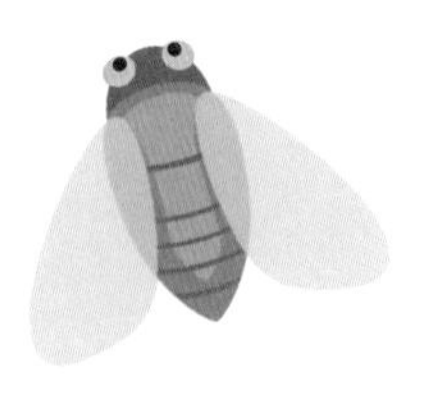

그렇게 일곱 번째 생일이 지나면
하늘로 ㉢ 날아오르지.

(1) 하성이는 《일곱 번째 생일》이라는 책을 읽고 동시 독서록을 썼어요.
이 책은 어떤 내용이었을까요? 짐작하여 답해 보세요.

(2) 만약 내가 동시의 제목을 짓는다면 무엇이라고 지었을까요?
자유롭게 상상하여 써 보세요.

(3) ☐ 안에 흉내 내는 말을 넣어 재미있는 동시 독서록을 완성해 보세요.

㉠ ㉡ ㉢

2 최근에 읽었던 책 하나를 골라 동시 독서록을 써 보세요.

| 읽은 날짜 : 년 월 일 | 기록한 날짜 : 년 월 일 |
| --- | --- |
| 책 제목 : | 지은이 : |

# 받아쓰기

1주차 한글 이름 알기

2주차 소리 나는 대로 쓰면

3주차 받침이 헷갈려

4주차 띄어쓰기는 어려워

## ● 부모 가이드 ●

한글을 쓸 때 아이들이 가장 어려워하는 게 바로
소리 나는 대로 쓰기와 어법에 맞게
각 형태소의 본 모양을 밝혀 쓰는 부분이다.
한글 맞춤법의 기본은 소리 나는 대로 쓰는 것이지만,
낱말의 뜻을 밝히기 위해 구분해서 쓴다는 기준을 알려 주고,
그에 따라 변하는 규칙을 가르쳐 주는 것이 좋다.
이때 받침을 틀리기 쉬운 소리가 이어져서 날 때는
그 원리를 설명해 주어야 받아쓰기를 자주 틀리지 않는다.
1학년이더라도 띄어쓰기나 문장 부호를 틀리게 썼다면
틀린 것으로 채점되므로 이 점을 꼭 유의하라고 알려 준다.

# 한글 이름 알기

한글에는 자음자와 모음자가 있어요.

다음은 하성이의 한글 자음자 받아쓰기입니다. 자음자의 이름을 알아볼까요?

3 단계

100

| | | | | |
|---|---|---|---|---|
| 1 | ㄱ | 기역 | ㄴ | 니은 |
| 2 | ㄷ | 디귿 | ㄹ | 리을 |
| 3 | ㅁ | 미음 | ㅂ | 비읍 |
| 4 | ㅅ | 시옷 | ㅇ | 이응 |
| 5 | ㅈ | 지읒 | | |
| 6 | ㅊ | 치읓 | | |
| 7 | ㅋ | 키읔 | | |
| 8 | ㅌ | 티읕 | | |
| 9 | ㅍ | 피읖 | | |
| 10 | ㅎ | 히읗 | | |

자음자의 이름을 읽어 보면 '자음자'에 'ㅣ' 모음을 붙이고,
'으' 밑에 '자음자'를 붙여 소리 내요.
이때 '기역', '디귿', '시옷'은 예외예요.

● 한글 모음자의 이름

하성이의 한글 모음자 받아쓰기입니다. 모음자의 이름을 알아봅시다.

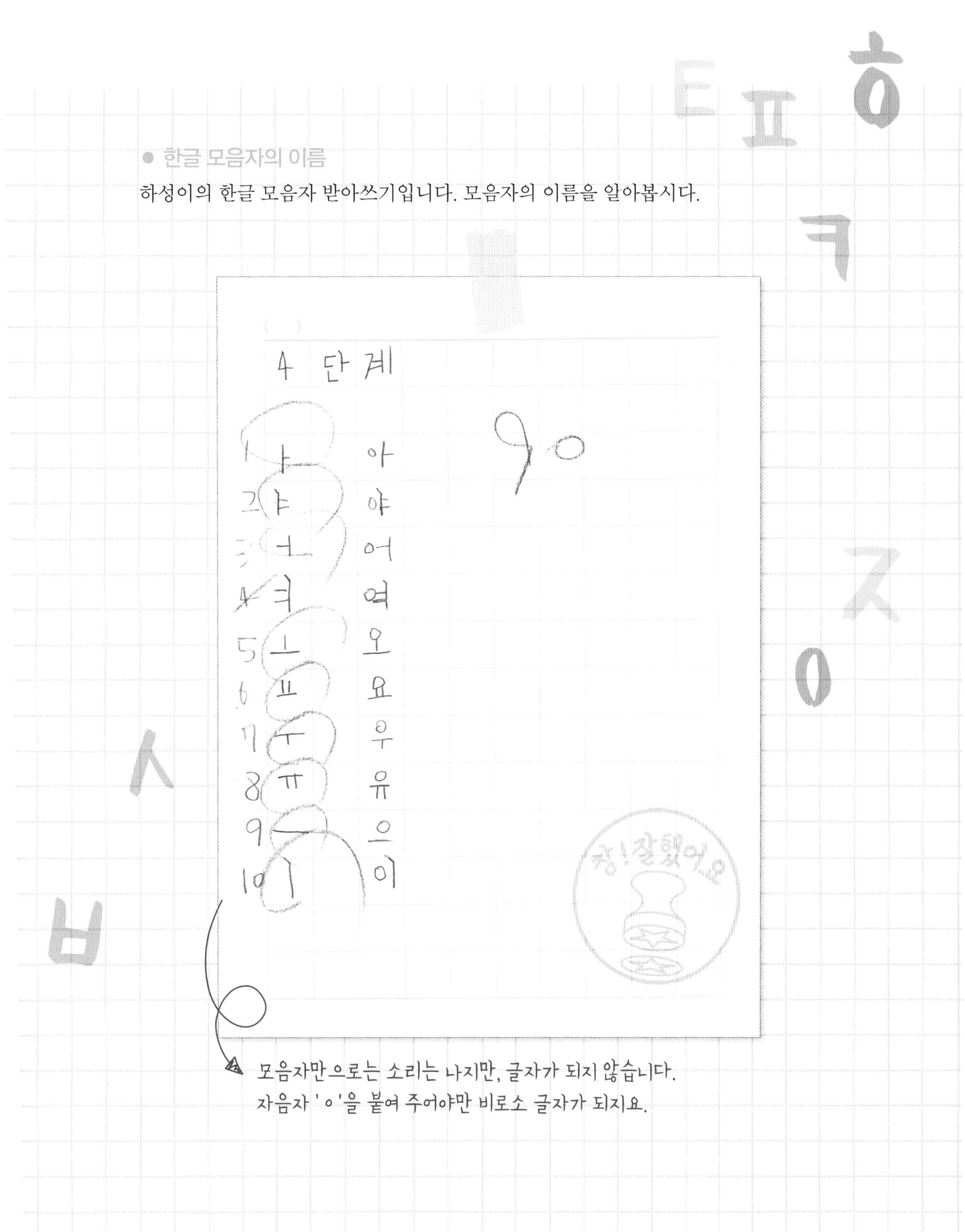


모음자만으로는 소리는 나지만, 글자가 되지 않습니다.
자음자 'ㅇ'을 붙여 주어야만 비로소 글자가 되지요.

## 1 한글 자음자의 이름을 쓰면서 기억하세요.

| | | | | | | | | | | |
|---|---|---|---|---|---|---|---|---|---|---|
| ㄱ | 기 | 역 | | ㄱ | 기 | 역 | | | | |
| ㄴ | 니 | 은 | | ㄴ | 니 | 은 | | | | |
| ㄷ | 디 | 귿 | | ㄷ | 디 | 귿 | | | | |
| ㄹ | 리 | 을 | | ㄹ | 리 | 을 | | | | |
| ㅁ | 미 | 음 | | ㅁ | 미 | 음 | | | | |
| ㅂ | 비 | 읍 | | ㅂ | 비 | 읍 | | | | |
| ㅅ | 시 | 옷 | | ㅅ | 시 | 옷 | | | | |
| ㅇ | 이 | 응 | | ㅇ | 이 | 응 | | | | |
| ㅈ | 지 | 읒 | | ㅈ | 지 | 읒 | | | | |
| ㅊ | 치 | 읓 | | ㅊ | 치 | 읓 | | | | |
| ㅋ | 키 | 읔 | | ㅋ | 키 | 읔 | | | | |
| ㅌ | 티 | 읕 | | ㅌ | 티 | 읕 | | | | |
| ㅍ | 피 | 읖 | | ㅍ | 피 | 읖 | | | | |
| ㅎ | 히 | 읗 | | ㅎ | 히 | 읗 | | | | |

## 2 한글 모음자의 이름을 쓰면서 기억하세요.

| | | | | | | | | | |
|---|---|---|---|---|---|---|---|---|---|
| ㅏ | 아 | | ㅏ | 아 | | | | | |
| ㅑ | 야 | | ㅑ | 야 | | | | | |
| ㅓ | 어 | | ㅓ | 어 | | | | | |
| ㅕ | 여 | | ㅕ | 여 | | | | | |
| ㅗ | 오 | | ㅗ | 오 | | | | | |
| ㅛ | 요 | | ㅛ | 요 | | | | | |
| ㅜ | 우 | | ㅜ | 우 | | | | | |
| ㅠ | 유 | | ㅠ | 유 | | | | | |
| ㅡ | 으 | | ㅡ | 으 | | | | | |
| ㅣ | 이 | | ㅣ | 이 | | | | | |

# 소리 나는 대로 쓰면

우리말은 소리 나는 대로 쓰는 것이 원칙이에요.
우리말 규칙을 정리해 놓은 '한글 맞춤법' 제1항에 나와 있어요.

## ● 낱말에 토씨가 붙을 때

여러 낱말로 문장을 만들 때 낱말끼리 어떤 사이인지 알려 주는 말이 있어요.
은, 는, 이, 가, 을, 를 등인데, 이런 말을 '토씨(조사)'라고 해요.
토씨가 낱말 뒤에 붙으면 다음처럼 소리가 나요.

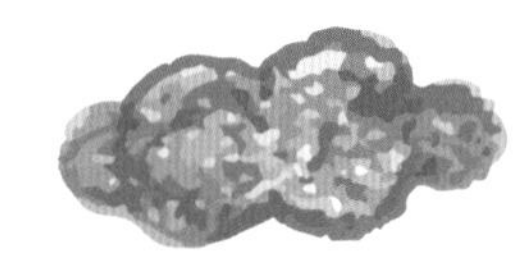

구름+이=구르미, 꽃+이=꼬치

| 쓰기 | 소리 |
| --- | --- |
| 사람이 | 사라미 |
| 꽃을 | 꼬츨 |
| 앞에 | 아페 |

특히 '꽃'처럼 낱말의 원래 받침과 소리가 다르게 나는 때가 있는데, 이때 조사가 붙으면 어떤 받침이었는지 알 수 있어요. 하지만 소리 나는 대로 쓰지 않고 원래 낱말을 그대로 써서 구분해 주어야 해요.

## ● '어떠하다'로 쓰는 낱말이 활용될 때

'어떠하다'로 쓰는 낱말은 상황에 따라 말의 끝이 달라져요. 이것을 '활용한다'고 해요. 이때 소리 나는 대로 쓰면 원래의 뜻을 잘 알 수 없기 때문에 낱말 처음은 똑같이 쓰기로 약속했어요.
이런 약속을 기억해서 주의하면서 써야 해요.

| 쓰기 | 소리 |
| --- | --- |
| 먹다 | 먹따 |
| 먹어서 | 머거서 |
| 먹었따 | 머거따 |
| 먹으니 | 머그니 |

낱말에 토씨가 붙으면 소리 나는 대로 쓰지 않고 원래 낱말을 알 수 있도록 써요.
희경이는 낱말과 토씨를 구분해서 아주 잘 썼어요.

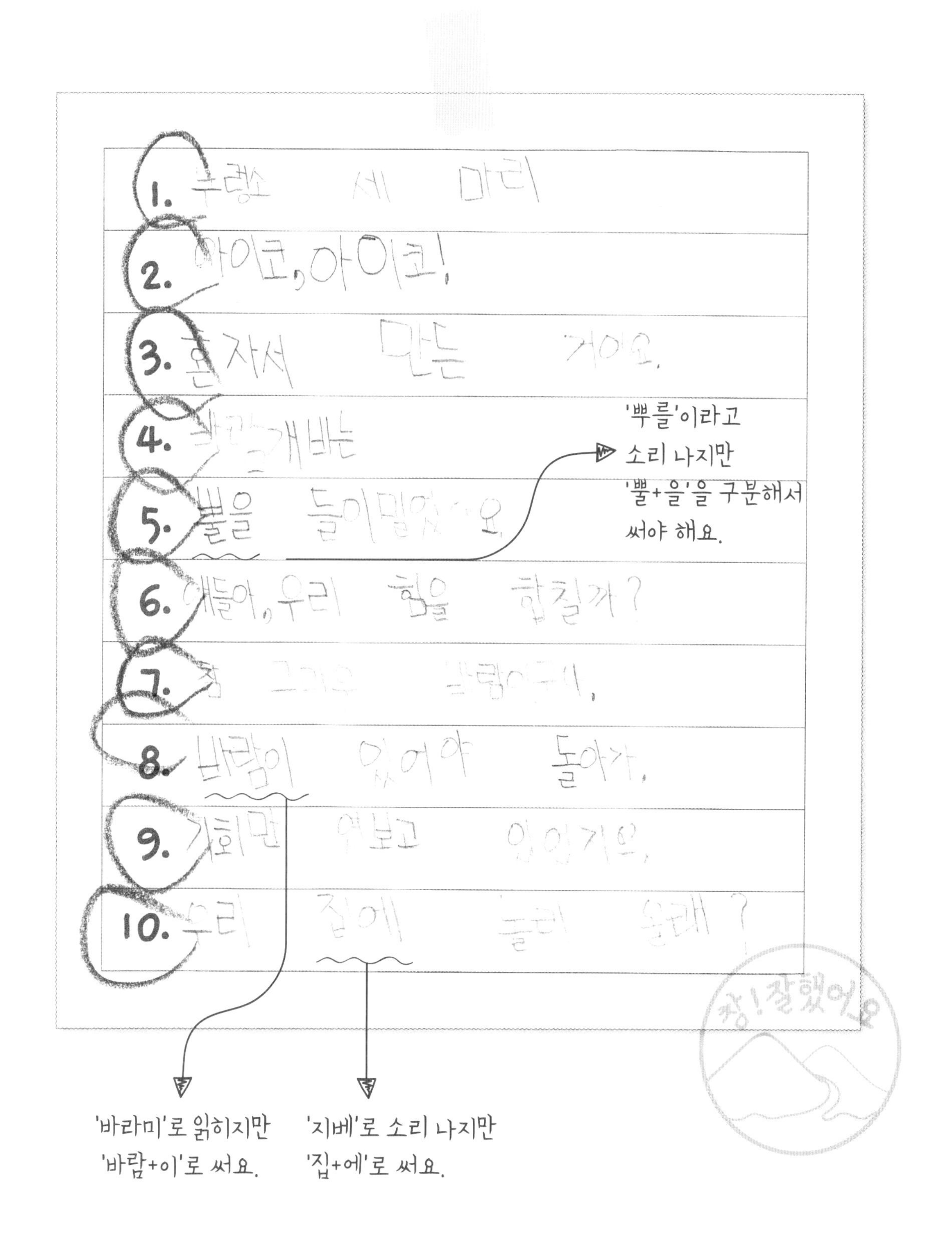

서윤이는 소리 나지 않는 받침까지 기억해서 아주 잘 썼어요.
그런데 '떨어져'를 소리 나는 대로 쓰는 실수를 했지요.

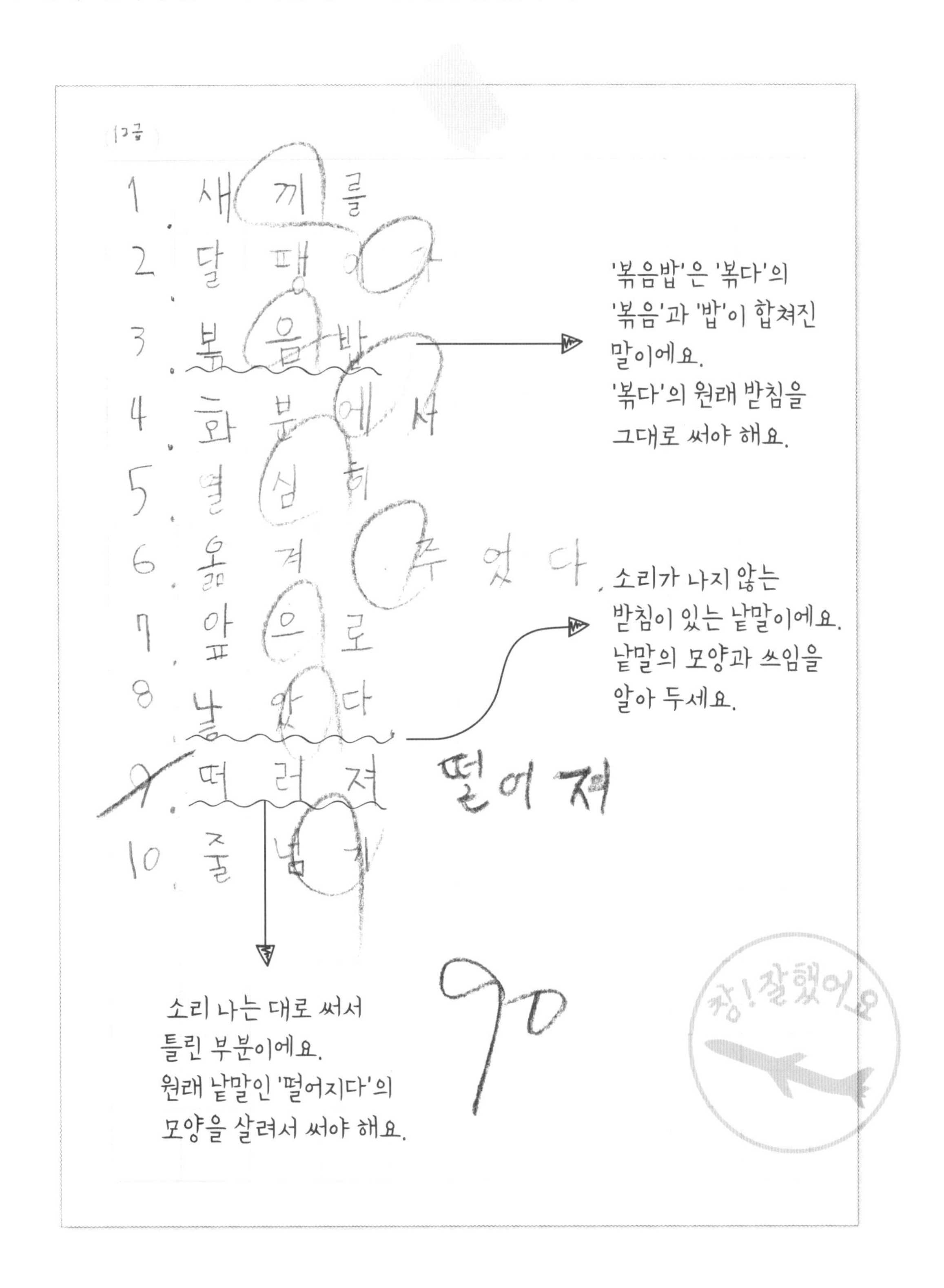

## 1 소리 나는 대로 쓰지 않고 낱말과 토씨를 구분해서 받아쓰기 하세요.

| 낱말 | 소리 | 구분 | 받아쓰기 |
|---|---|---|---|
| 산이 | 사니 | 산+이 | |
| 꽃에 | 꼬체 | 꽃+에 | |
| 앞을 | 아플 | 앞+을 | |
| 사람이 | 사라미 | 사람+이 | |
| 떡만 | 떵만 | 떡+만 | |

## 2 처음(어간)과 끝(어미)을 구분해서 받아쓰기 하세요.

| 낱말 | 소리 | 구분 | 받아쓰기 |
|---|---|---|---|
| 입고 | 입꼬 | 입+고 | |
| 찾아 | 차자 | 찾+아 | |
| 좋고 | 조코 | 좋+고 | |
| 깎으니 | 까끄니 | 깎+으니 | |
| 많아요 | 마나요 | 많+아요 | |
| 넓습니다 | 널씀니다 | 넓+습니다 | |
| 없다니까 | 업따니까 | 없+다니까 | |

# 받침이 헷갈려

한글은 자음자와 모음자가 합쳐져 이루어지는데, 자음자가 한 번 더 들어가기도 해요. 이것을 받침이라고 부르는데, 이 받침은 하나가 들어가기도 하고, 두 개가 들어가기도 하지요.

● 홑받침

하나의 자음이 들어간 받침이에요.

손, 발, 산, 마음, 새싹, 세상, 살다, 웃다, 썩다, 씻다

● 겹받침

서로 다른 자음이 두 개 들어가거나, 같은 자음이 두 번 들어간 받침이에요.

많다, 읽다, 밟다, 앉다, 맑다, 삶다, 볶다, 닦다, 깎다

● 비슷한 소리가 나는 뜻이 다른 낱말

소리가 같거나 비슷하지만, 뜻이 다른 말은 구별해서 적어요. 다음은 한글 맞춤법 제57항에 나와 있는 주요 낱말이에요.

| 늘이다 | 고무줄을 늘인다. | 늘리다 | 수출량을 더 늘린다. |
|---|---|---|---|
| 다리다 | 옷을 다린다. | 달이다 | 약을 달인다. |
| 맞추다 | 옷을 맞추다.<br>과녁에 화살을 맞추다. | 맞히다 | 여러 문제를 더 맞혔다. |
| 바치다 | 나라를 위해 목숨을 바쳤다. | 받치다 | 책받침을 받친다. |
| 반드시 | 약속은 반드시 지켜라. | 반듯이 | 고개를 반듯이 들어라. |
| 부딪치다 | 차와 차가 마주 부딪쳤다. | 부딪히다 | 마차가 화물차에 부딪혔다. |
| 부치다 | 편지를 부친다.<br>빈대떡을 부친다. | 붙이다 | 우표를 편지 봉투에 붙인다.<br>책상을 벽에 붙였다.<br>불을 붙인다. |
| 시키다 | 일을 시킨다. | 식히다 | 끓인 물을 식힌다. |
| 이따가 | 이따가 오너라. | 있다가 | 돈은 있다가도 없다. |

민서는 받침이 두 개인 겹받침 낱말이 정말 어려운가 봐요. 소리가 어떻게 나는지 보고 천천히 생각해 보면 좀 더 쉬워진답니다.

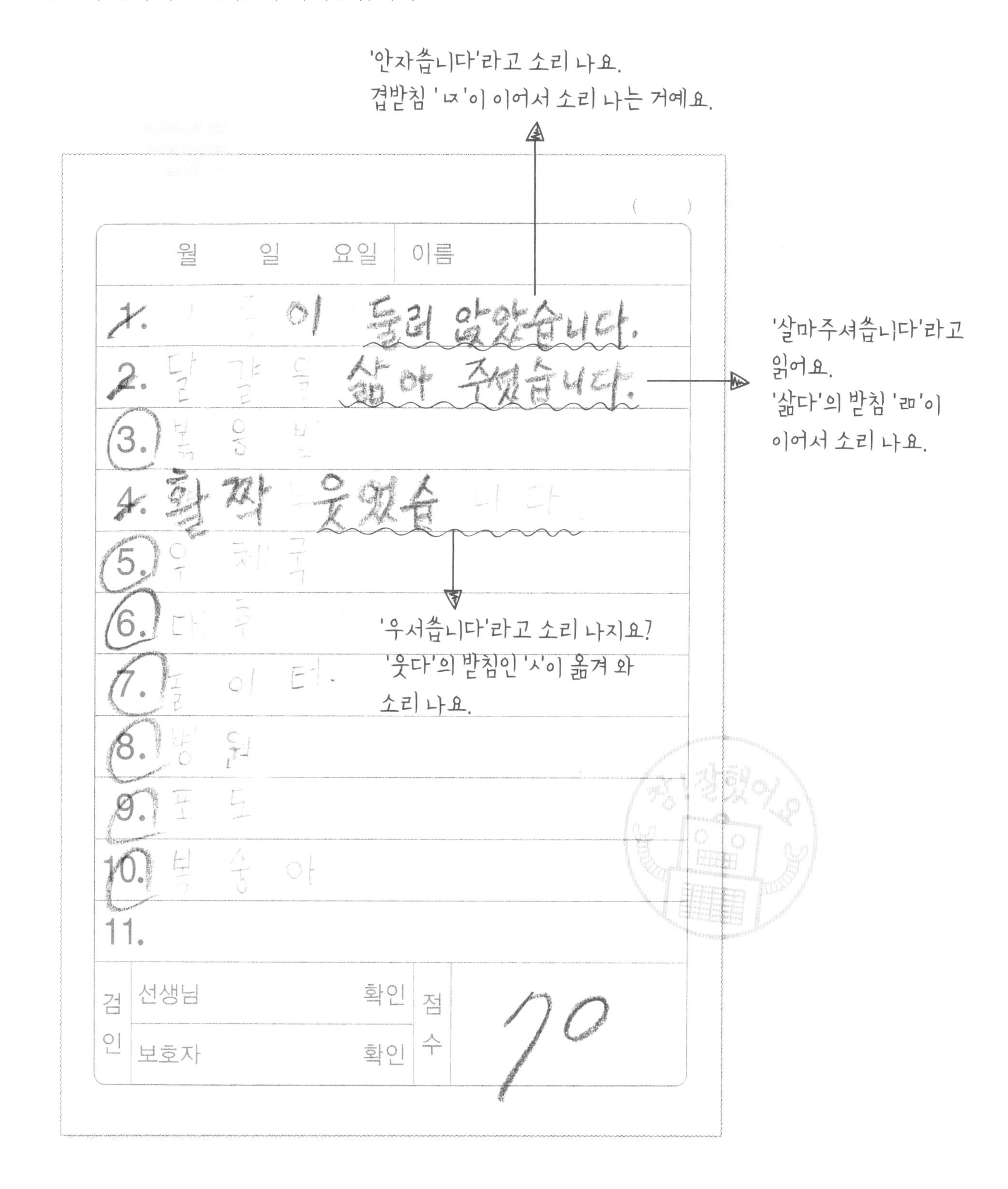

하성이도 받침이 들어 있는 낱말과 소리가 비슷한 낱말이 헷갈렸어요.
소리가 비슷한 낱말은 서로 비교해서 뜻을 이해한 다음 기억해요.

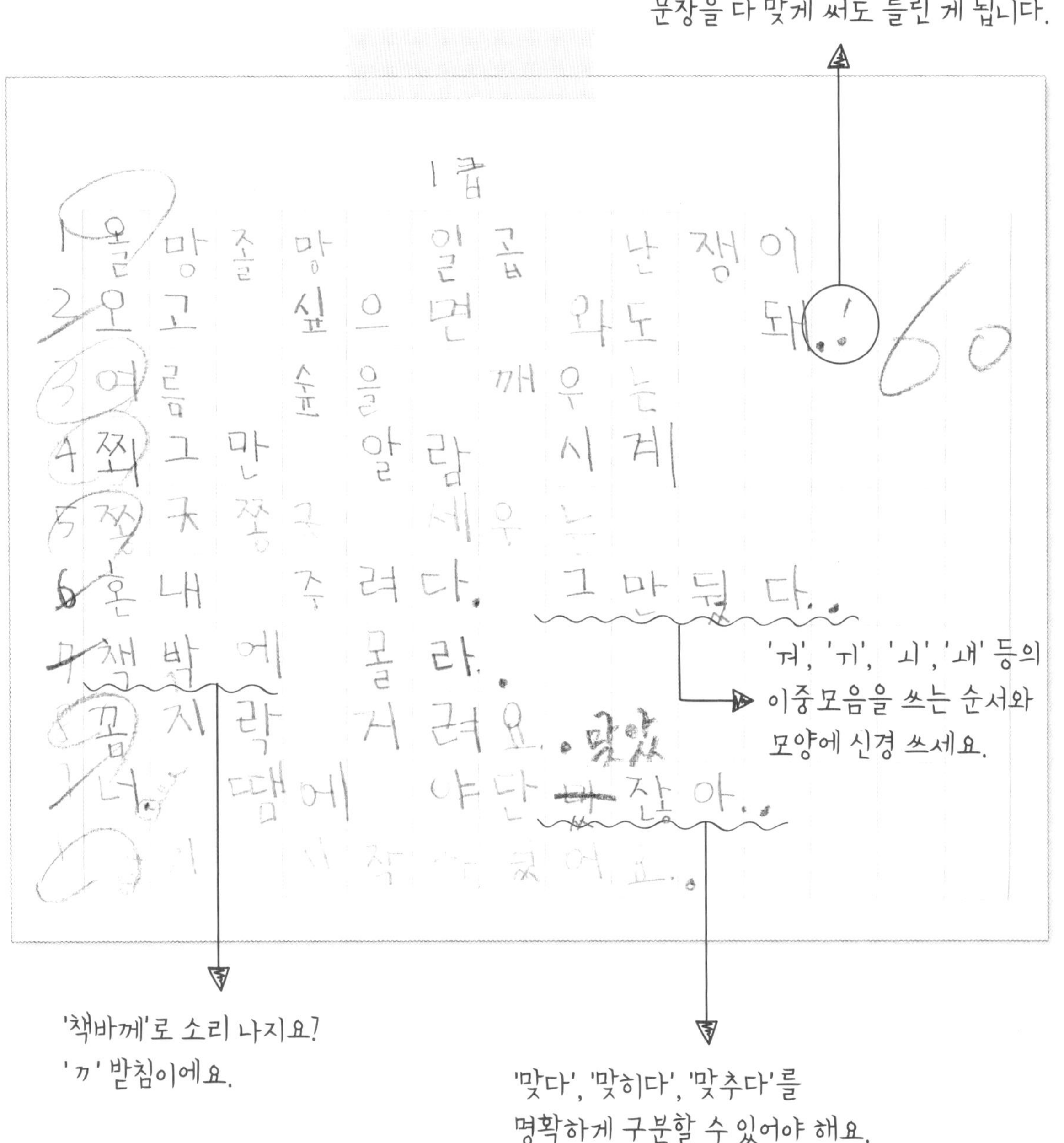

1

주의해야 하는 받침과 이중 모음이 있는 낱말을 따라 쓰면서 어떤 받침이 들어가는지 익히고, 연습해 봅시다. 빈칸을 채우고 문장 부호도 기억해 두세요.

| 주의해야 하는 낱말 | 따라 쓰기 |
|---|---|
| 둘러앉았습니다. | |
| 삶아 주셨습니다. | |
| 활짝 웃었습니다. | |
| 이를 닦을까? | |
| 손을 씻었습니다. | |
| 일기를 썼습니다. | |
| 책을 읽었습니다. | |
| 하늘이 맑아요. | |
| 책밖에 몰라. | |
| 혼내 주려다 그만뒀다. | |
| 야단맞았잖아! | |

보기 의 비슷해 보이는 두 낱말 중 알맞은 낱말을 골라 문장을 완성하세요.

**가르치다**

지식 따위를 깨닫게 하거나
익히게 하다.

**가리키다**

손가락 따위로 어떤 방향이나
대상을 집어서 말하거나 알리다.

선생님이 학생에게 맞춤법을

손가락으로 산을

# 띄어쓰기는 어려워

①번 문장을 읽어 보면 무슨 내용인지 바로 알기 어려워요.
②번과 ③번 문장을 보면 띄어쓰기에 따라 뜻이 달라요.
내 생각이나 의견을 제대로 전달하려면 띄어쓰기를 잘해야 해요.

① 아버지가방에들어가셨다.
② 아버지 가방에 들어가셨다.
③ 아버지가 방에 들어가셨다.

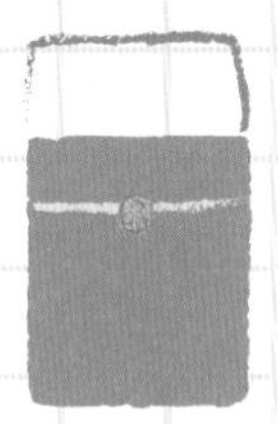

한글에서 낱말은 띄어 쓰는 것이 원칙이에요.(한글 맞춤법 제2항)
②번 문장은 토씨를 뒤의 낱말 '방'과 붙여 쓴 바람에
아버지가 방이 아니라 가방에 들어가 버렸어요!
토씨는 앞 낱말에 붙여 써야(한글 맞춤법 제41항) 올바른 문장을 쓸 수 있어요.

하성이는 서로 다른 낱말을 붙여 썼네요.

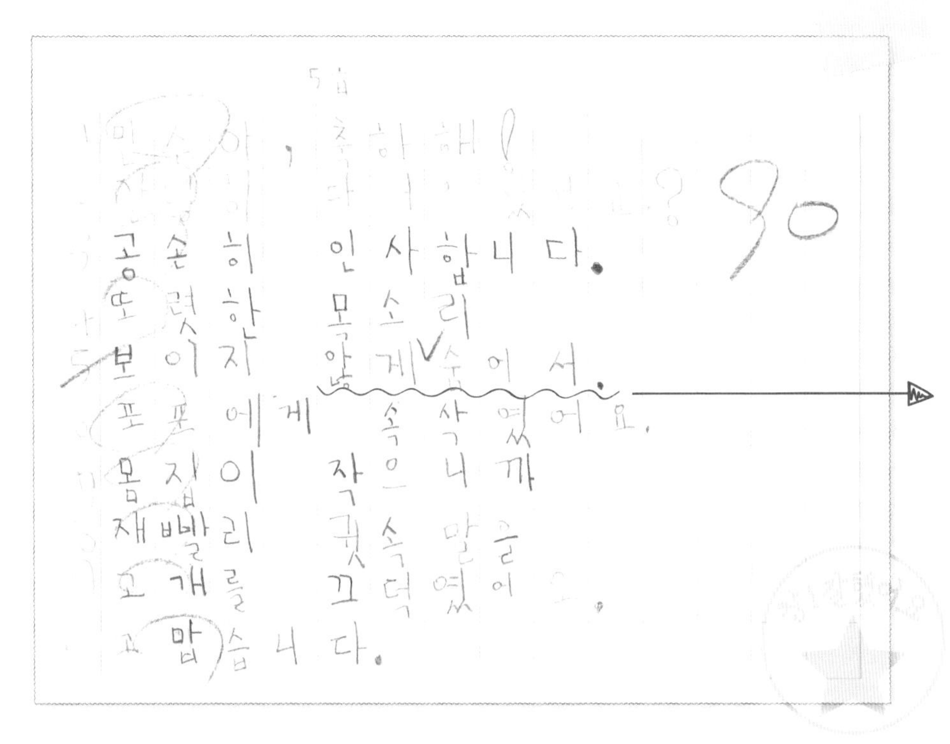


낱말과 낱말 사이는 띄어 써요.

기본적으로 알아 두면 좋은 띄어쓰기에 대해 알아봅시다.

1. 성과 이름

성과 이름은 붙여 써요. 그런데 성과 이름을 또렷이 구분하고 싶을 때는 띄어 써도 돼요.

예 전지우, 류호영

남궁∨빈, 김이∨빛나

2. 도, 시, 섬, 역, 강, 산, 해 등

섬, 역, 강, 산, 해 등이 우리말 뒤에 올 때는 붙여 쓰고, 외래어 뒤에 올 때는 띄어 써요.

예 서울역, 한강, 한라산, 동해

파리∨역, 센∨강, 알프스∨산, 카스피∨해

3. 되풀이하여 쓰는 소리흉내말, 모양흉내말

소리흉내말(의성어), 모양흉내말(의태어)이나 되풀이하여 쓰는 말은 붙여 써요.

예 꼭꼭, 알쏭달쏭, 누구누구

4. 우리

보통은 '우리∨집'처럼 쓰지만, 우리를 붙여 쓸 때도 있어요.

예 우리글, 우리말, 우리나라

5. 의존 명사

의존 명사는 띄어 써요.(한글 맞춤법 제42항)

예 아는∨것이∨힘이다, 그럴∨줄∨알았다, 좋은∨데(곳)∨가자, 할∨수∨있다,

떠난∨지(시간)∨오래다

6. 단위

단위를 나타내는 말은 띄어 써요.(한글 맞춤법 제43항)

예 떡∨한∨개, 자동차∨한∨대, 연필∨한∨자루, 옷∨한∨벌, 천∨원,

소∨한∨마리

지안이는 단위를 나타내는 말을 붙여 써 버렸어요.
단위를 나타내는 말은 띄어 써야 해요.

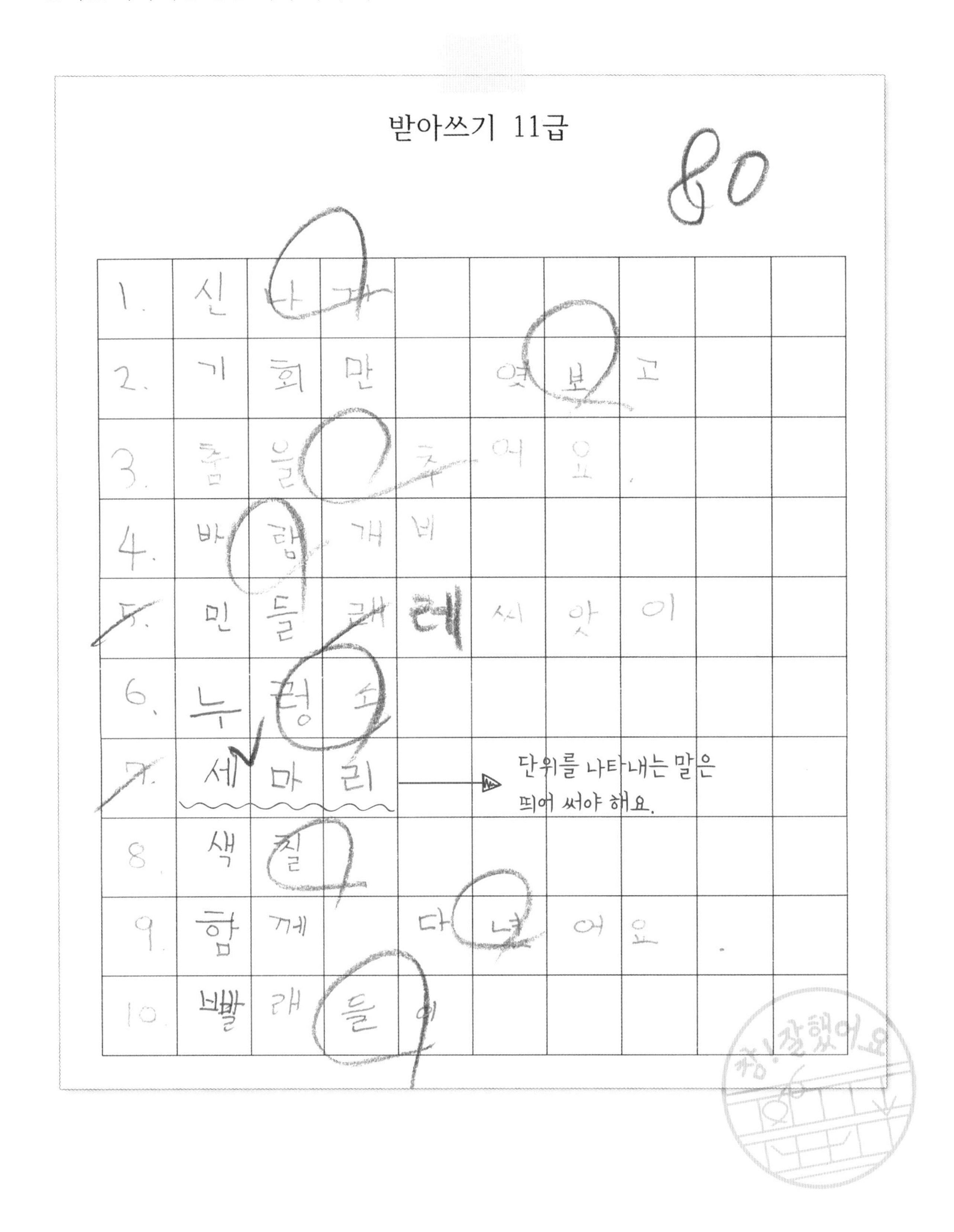

1 글씨를 쓰는 자세에 대한 글입니다. 잘 읽어 보고 띄어쓰기에 맞게 써 보세요.

바르게앉아글씨를쓰는자세는 허리를곧게펴고,
엉덩이를의자뒤쪽에붙인다음, 두발은바닥에닿도록하고쓰는거예요.

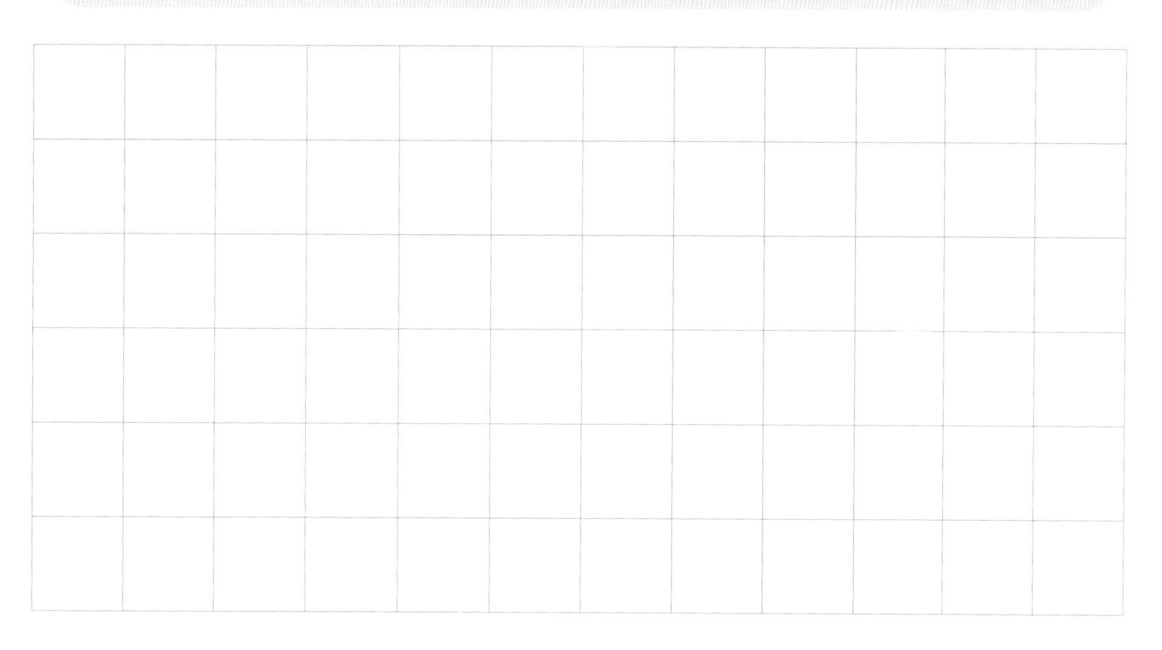

2 연필을 바르게 잡는 방법에 대한 글입니다. 잘 읽어 보고 띄어쓰기에 맞게 써 보세요.

연필 을바르게잡 는방법 은첫째손가락 과둘째손가락 의모양 을
둥글게하여 연필 을잡고, 연필 을너무세우거나 눕히지않아요.

# 수학

1주차 9까지의 수 (1)

2주차 9까지의 수 (2)

3주차 여러 가지 모양

4주차 덧셈과 뺄셈

## ● 부모 가이드 ●

2017년을 시작으로 2019년까지 초등학교 수학 교과서가 개정된다. 2017년에는 초등 1, 2학년 수학 교과서가 우선적으로 바뀌는데, 초등 1학년 수학 교과서 개정의 핵심은 아이들이 초등 1학년 때부터 수학을 친근하게 느끼고 보다 쉽고 즐겁게 공부할 수 있도록 하는 데 초점을 두었다고 한다. 즉 개념을 쉽게 풀이하여 수학의 개념과 원리를 쉽게 이해할 수 있도록 바뀐 것이다. 쉽게 바뀐다고는 하지만, 유아 수학과 초등 수학의 난이도 차이는 첫 학교생활을 시작하는 아이들에게 어렵게 느껴질 수 있다.

이 책에서는 1학년 1학기에 배우는 초등 수학의 단원을 개념 익히기 - 개념 활동 문제 - 익힘책 활동 문제로 입학 전 미리 학습하고, 수학 교과서에 친숙해질 수 있도록 구성하였으며, 실제 초등 1학년 아이들이 실수할 수 있는 문제의 오답 체크로 자칫 알고도 틀릴 수 있는 문제에 대비할 수 있다.

# 9까지의 수 (1)

● 9까지 수의 개념을 이해하고, 쓰고 읽기

수를 쓸 때는 바른 모양과 순서에 맞게 쓰는지 살펴보고,
잘못된 쓰기 습관을 처음부터 잡아 주세요.

| 쓰기 | 1 | 2 | 3 | 4 | 5 | 6 | 7 | 8 | 9 |
|---|---|---|---|---|---|---|---|---|---|
| 읽기 | 일 | 이 | 삼 | 사 | 오 | 육 | 칠 | 팔 | 구 |
| | 하나 | 둘 | 셋 | 넷 | 다섯 | 여섯 | 일곱 | 여덟 | 아홉 |

● 9까지 수의 순서 알아보기

기준에 따라 순서는 달라 질 수 있어요.

| 쓰기 | 1 | 2 | 3 | 4 | 5 | 6 | 7 | 8 | 9 |
|---|---|---|---|---|---|---|---|---|---|
| 읽기 | 첫째 | 둘째 | 셋째 | 넷째 | 다섯째 | 여섯째 | 일곱째 | 여덟째 | 아홉째 |

**| 개념 활동 문제 |**

**1** 다음 그림의 수를 세어 보고, 알맞은 수에 ◯표 하세요.

| 쓰기 | 1 | 2 | 3 | 4 | 5 |
| --- | --- | --- | --- | --- | --- |
| 읽기 | 일 | 이 | 삼 | 사 | 오 |
| | 하나 | 둘 | 셋 | 넷 | 다섯 |

9까지의 수를 세는 것은 쉽게 느껴질 수 있지만, 수를 쓰고 읽는 것이 헷갈릴 수 있으니 반복적으로 연습하는 것이 좋습니다.

**2** 왼쪽부터 다섯째에 ◯표 하세요.

**3** 왼쪽에서부터 알맞게 색칠하세요.

| 여덟 | ♡ ♡ ♡ ♡ ♡ ♡ ♡ ♡ ♡ ♡ |
| --- | --- |
| 여덟째 | ♡ ♡ ♡ ♡ ♡ ♡ ♡ ♡ ♡ ♡ |

순서수는 세는 상황을 이해하는 것이 가장 중요합니다.
문제를 충분히 이해하면 쉽게 풀 수 있지만, 문제 자체를 이해하지 못하면 문제가 어렵게 느껴집니다. 수 세기 표현을 익히기 위해서는 생활 속에서 다양하게 활용해 보는 것도 도움이 됩니다.

## | 익힘책 활동 문제 |

**01** 수를 세어 알맞은 수에 ◯표 하세요.

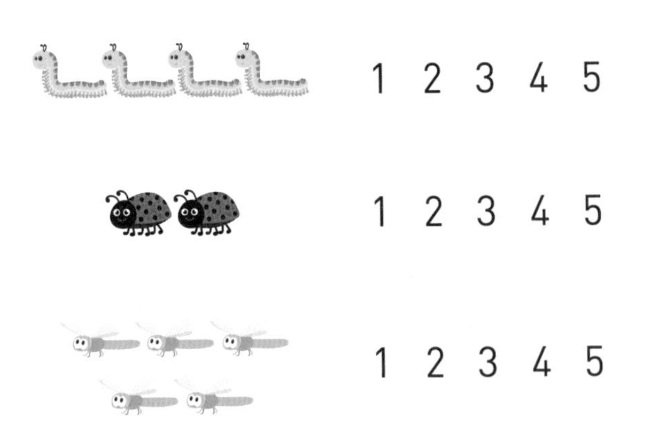


**02** 그림의 수를 세어 써 보세요.

**03** 수를 세어 알맞은 곳에 ◯표 하세요.

오 육 칠 팔 구

여섯 일곱 여덟 아홉

**04** 관계있는 것끼리 선으로 이어 보세요.

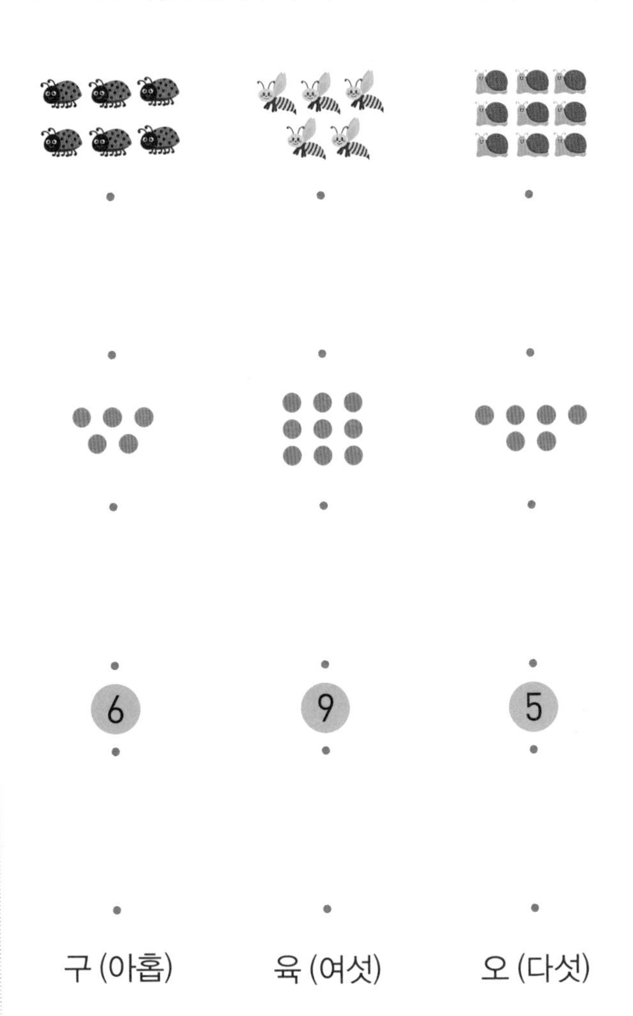


**05** 순서에 맞게 수를 써 보세요.

1 2

5 7 9

**06** 수의 순서를 거꾸로 하여 수를 써 보세요.

**07** 다음 그림을 보고 질문에 답하세요.

(1) 주황색은 왼쪽에서 몇 째입니까?
( )

(2) 보라색은 왼쪽에서 몇 째입니까?
( )

(3) 파란색은 왼쪽에서 몇 째입니까?
( )

**08** 아인이가 물을 마시려고 줄을 서 있습니다. 아인이 앞으로 친구들이 5명이 서 있는데, 아인이는 몇 째입니까? ( )

**09** 알맞게 색칠해 보세요.

| | |
|---|---|
| 둘 | ○ ○ ○ ○ ○ |
| 둘째 | ○ ○ ○ ○ ○ |
| 셋 | ○ ○ ○ ○ ○ |
| 셋째 | ○ ○ ○ ○ ○ |

**10** 다음 중 다른 하나를 찾아 ○표 하세요.

다섯 오 5 다섯째

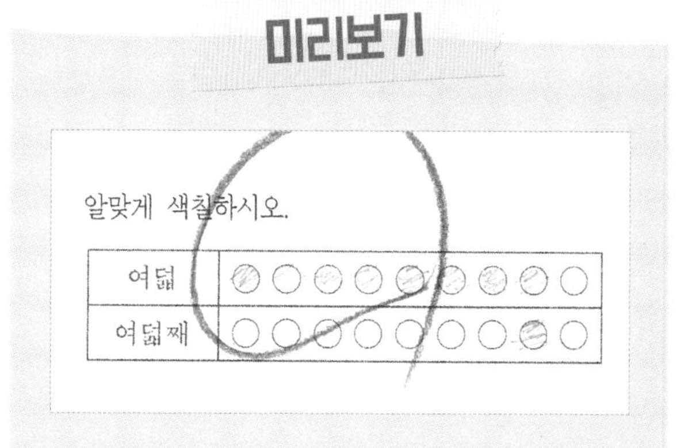


▶ 개수를 세는 수와 순서를 나타내는 수가 다름을 이해해야 풀 수 있는 문제입니다.
수는 1, 2, 3, 4, 5, 6, 7, 8, 9로 나타내고,
순서로 나타내면 첫째, 둘째, 셋째, 넷째, 다섯째, 여섯째, 일곱째, 여덟째, 아홉째입니다.

# 9까지의 수 (2)

● '0'의 개념을 알고, 쓰고 읽기

바구니에 있던 사과 세 개를 동생과 나눠 먹었더니 바구니에는 아무것도 없어요.

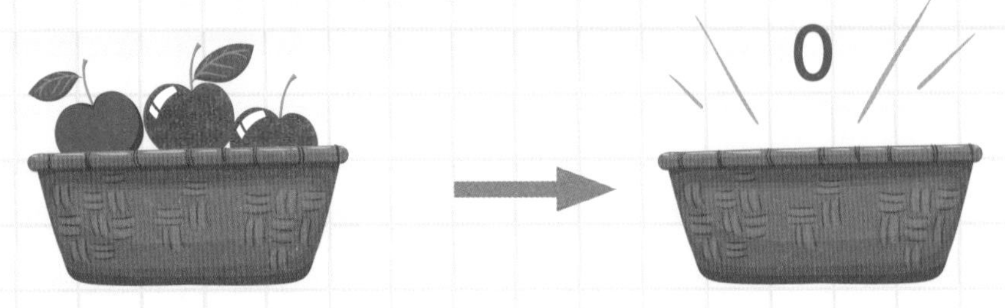


아무 것도 없는 것을 0 이라 쓰고, **영**이라고 읽습니다.

● 9까지 수의 크기 비교

1. 하나 더 많은 것과 하나 더 적은 것 알기

케이크에 꽂힌 초는 모두 6개입니다.
6보다 하나 더 적은 수는 '5'이고,
6보다 하나 더 큰 수는 '7'입니다.
여섯은 다섯보다 '하나 더 많다'라고 하고,
여섯은 일곱보다 '하나 더 적다'라고 합니다.

2. 1 큰 수와 1 작은 수 알기

## | 개념 활동 문제 |

**1** 1보다 작은 수는 어떻게 나타내나요?

(1) 1보다 작은 수를 □ 안에 써 보세요.

(2) 1보다 작은 수는 무엇이라고 읽나요? (          )

하나씩 적어지는 상황에서 1보다 '하나 적은 것'이 수 0이라는 것을 알고 수를 읽고 쓰게 합니다. 생활 속에서 아무것도 없는 것, 0의 상황을 만들어 인지하게 하는 방법도 도움이 됩니다.

**2** □ 안에 알맞게 ○를 그리고, (     )안에 알맞은 수를 써 넣으세요.

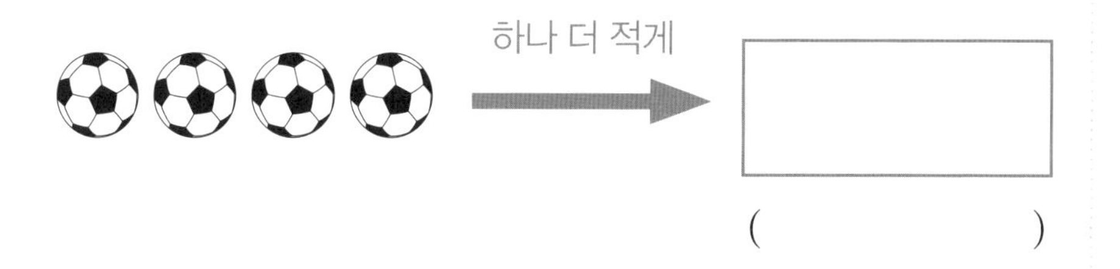


(          )

'하나 더 많다', '하나 더 적다' 라는 말의 뜻을 알아야 풀 수 있는 문제이므로, 하나 더 많거나 하나 더 적어지는 상황을 만들어 수의 크기 비교를 이해할 수 있도록 도와 주세요.

**3** 1 큰 수와 1 작은 수를 써 보세요.

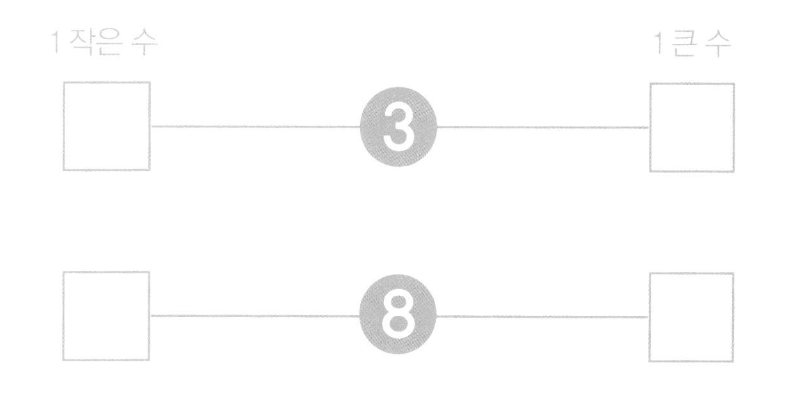

'하나 더 많은 것'이 '1 큰 수'이고, '하나 더 적은 것'이 '1 작은 수'라는 것을 이해하면 쉽게 문제를 풀 수 있습니다. 그래도 어려워한다면 수를 순서대로 나열해 놓고 앞의 수가 '1 작은 수', 뒤의 수가 '1 큰 수'라는 것을 알게 합니다.

| 익힘책 활동 문제 |

**01** 다음 설명하는 수는 무엇일까요?

- 아무것도 없는 것을 나타내는 수
- 1보다 하나 더 작은 수
- '영'이라고 읽어요.

(　　　　)

**02** □ 안에 알맞은 수를 써 넣으세요.

(1) 8보다 1 작은 수는 □ 입니다.

(2) 5보다 1 큰 수는 □ 입니다.

**03** 왼쪽 그림보다 하나 더 적은 수를 □ 안에 써 넣으세요.

 □

 □

**04** 그림을 보고 더 적은 수에 ○표 하세요.

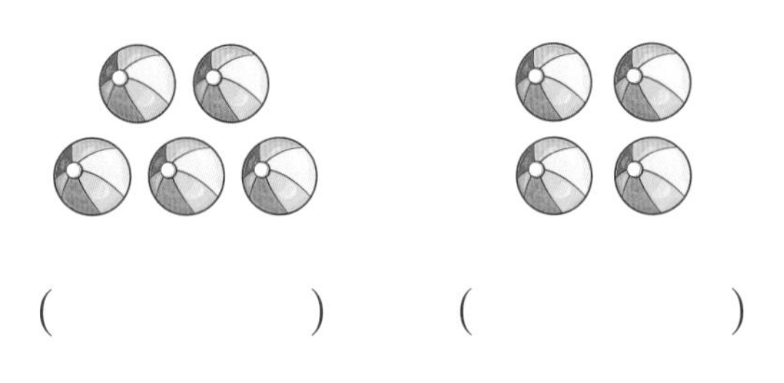

(　　　　)　(　　　　)

**05** 수를 세어 비교해 보고, 알맞은 것에 ○표 하세요.

(1) 무당벌레는 벌보다 (많습니다, 적습니다).

5는 □ 보다 (큽니다, 작습니다).

(2) 벌은 나비보다 (많습니다, 적습니다).

□ 은 4보다 (큽니다, 작습니다).

**06** 주어진 수보다 더 큰 수에 ○표 하세요.

| | |
|---|---|
| 7 | 4 8 2 6 |
| 4 | 2 1 5 3 |

**07** 준호가 가은이에게 어떤 수에 대해 설명하고 있습니다. 준호가 설명한 수는 얼마일까요?

- 4와 8 사이의 수입니다.
- 6보다 1 더 큽니다.
- 8보다 1 더 작습니다.

( )

**08** □ 안에 알맞은 수를 차례대로 써 넣으세요.

5는 □ 보다 1 크고,
□ 보다 1 작습니다.

( , )

**09** 다음 문장을 완성해 보세요.

(1) ★★★(3)은 ★★(2)보다

(2) ★★★(3)은 ★★★★(4)보다

**10** 다음 중 가장 큰 수는 무엇일까요?

( )

① 셋 ② 다섯 ③ 둘
④ 일곱 ⑤ 넷

미리보기

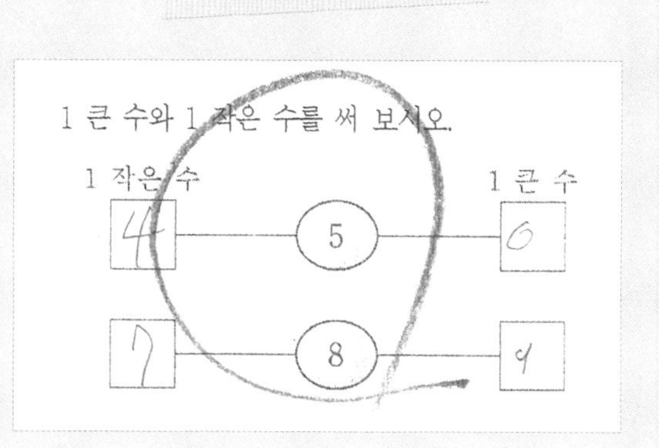


▶ 수를 순서대로 늘어놓았을 때, 바로 뒤의 수가 1 큰 수이고, 바로 앞의 수가 1 작은 수라고 생각하면 쉽게 풀 수 있습니다.

# 여러 가지 모양

● 방에 있는 물건 중에서 ▢, ▢, ● 모양을 찾아 특징을 살펴보고 분류하기

● 모양의 일부분만 보고 어떤 모양인지 알아맞히기

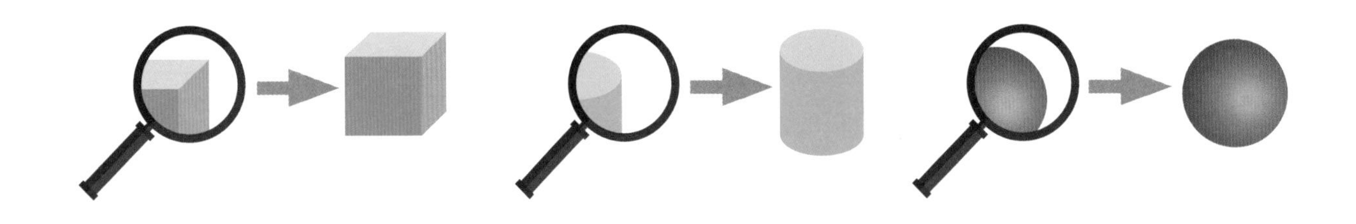

● ▢, ▢, ● 모양을 기준에 따라 분류하기

(1) 쉽게 쌓을 수 있는 것과 없는 것

(2) 잘 굴러가는 것과 굴러가지 않는 것

(3) 뾰족한 부분이 있는 것과 없는 것

(4) 평평한 부분이 있는 것과 없는 것

## | 개념 활동 문제 |

**1** 같은 모양끼리 선으로 이으세요.

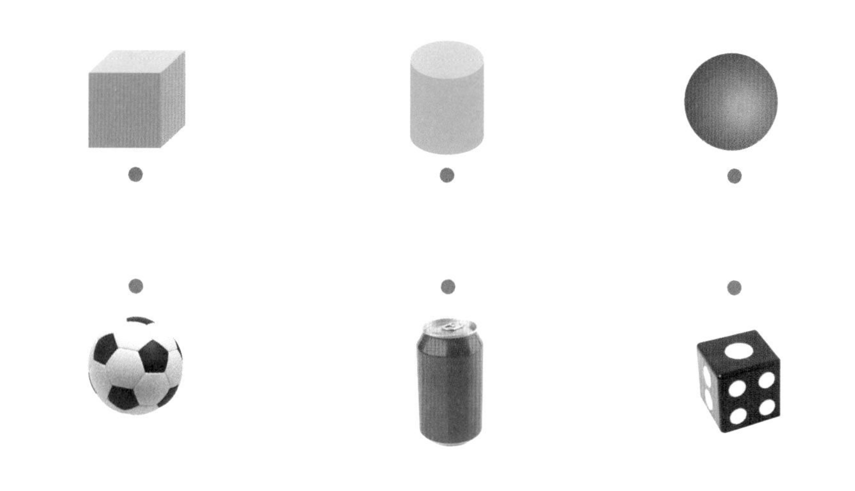

입체 모양은 다양한 각도에서 모양이 다르게 나타나므로, 일상생활에서 비슷한 모양의 물건을 찾아 직접 만져 보고 살펴보게 하는 것이 모양을 이해하는 데 도움이 됩니다.

**2** 왼쪽에 보이는 모양과 같은 모양의 물건을 찾아 ○표 하세요.

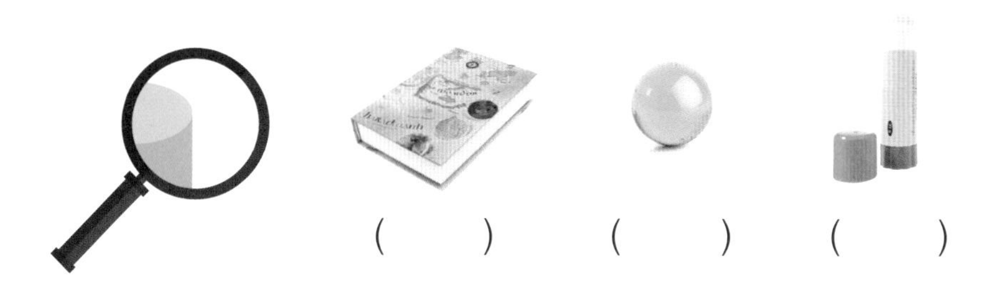

( ) ( ) ( )

모양의 일부분만 보고 모양을 알아맞히는 문제를 푼 다음, 왜 그렇게 생각했는지 자유롭게 말해 보게 하세요.

**3** 다음 설명과 같은 모양은 어느 것일까요? ( )

- 모든 부분이 둥근 모양입니다.
- 어느 방향으로든 잘 굴러갑니다.

① ② ③

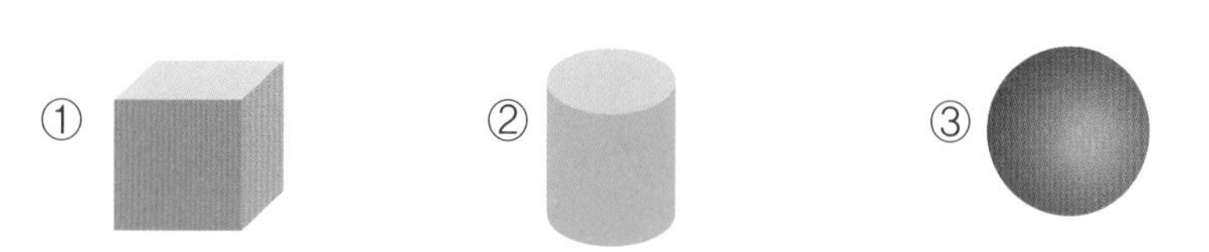

각 모양의 물건을 만져 보기, 굴려 보기, 쌓아 보기 등의 다양한 경험을 해 보면 모양의 특징을 이해하는 데 도움이 됩니다.

| 익힘책 활동 문제 |

**01** 어떤 모양의 물건을 모아 놓은 것인지 알맞은 모양에 ○표 하세요.

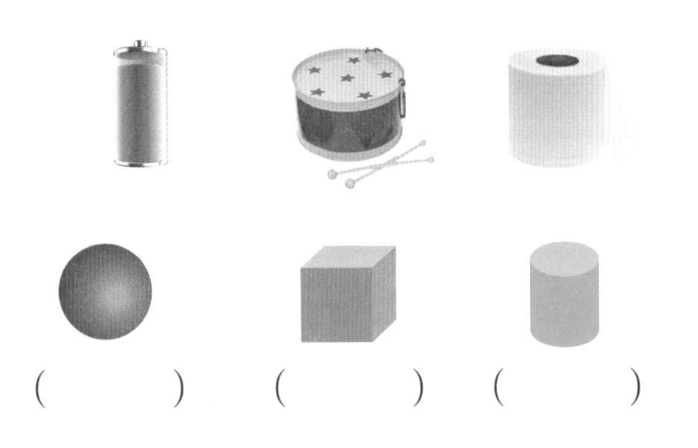

( ) ( ) ( )

**02** 어떤 모양의 일부분인지 찾아 ○표 하세요.

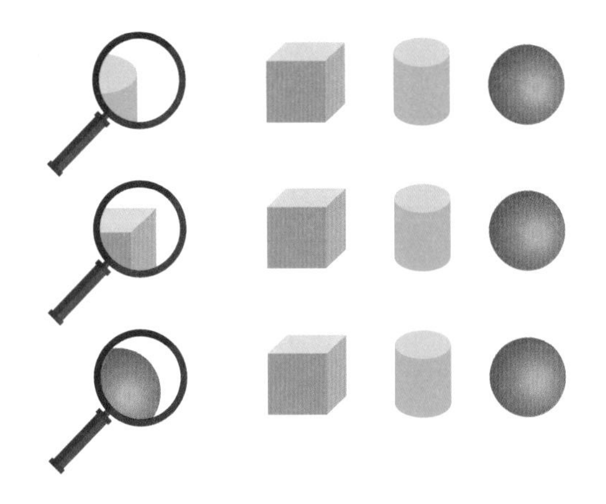

**03** 다음 중 모양이 다른 하나는 어느 것일까요? ( )

① 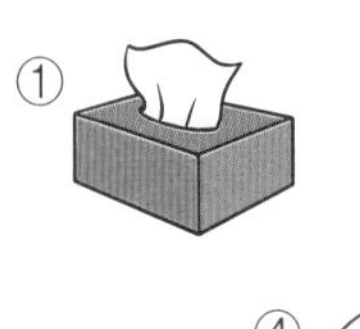 ②  ③ 

④ 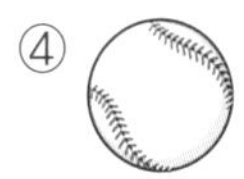  ⑤ 

**04** 관계있는 것끼리 선으로 이어 보세요.

 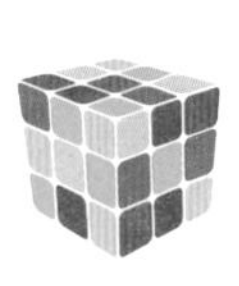 

**05** 위에서 모양을 본 모습이 아래 그림과 같이 보이는 모양은 어느 것일까요? ( )

① 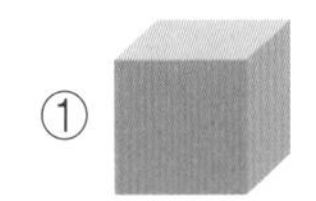 ② 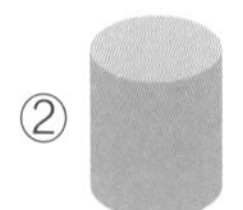 ③ 

**06** 아래 모양을 만드는 데 사용하지 않은 모양에 ×표 하세요.

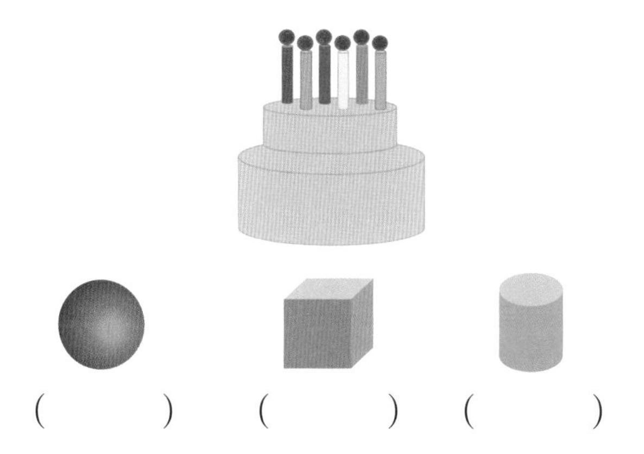

(　　　)　(　　　)　(　　　)

**07** 다음 모양을 만드는 데 사용한 모양의 개수를 세어 써 보세요.

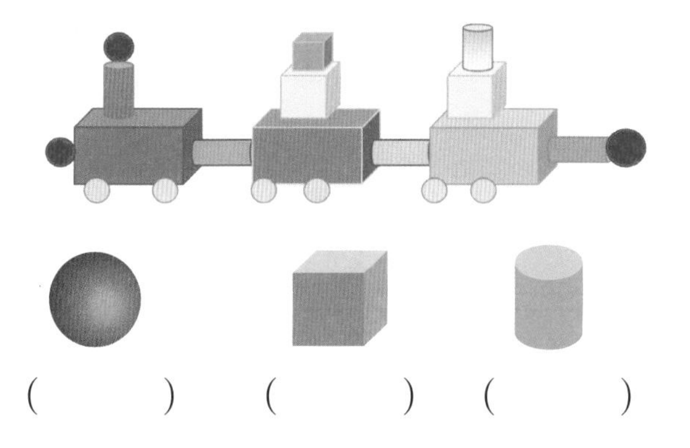

(　　　)　(　　　)　(　　　)

**08** 평평한 부분이 없는 모양은 어느 것일까요? (　　　)

**09** 다음을 보고 물음에 답하세요.

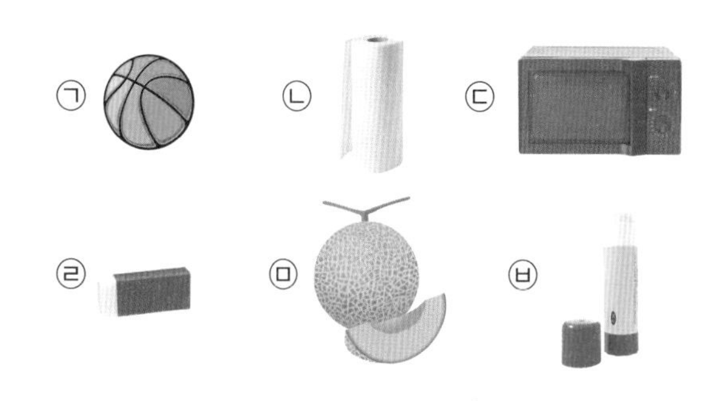


(1) 평평하고 네모난 면이 있는 모양을 모두 찾아 기호를 쓰세요. (　　　)

(2) 평평한 면이 있고 잘 굴러가는 모양을 모두 찾아 기호를 쓰세요.

(　　　)

(3) ● 모양을 모두 찾아 기호를 쓰세요.

(　　　)

## 미리보기

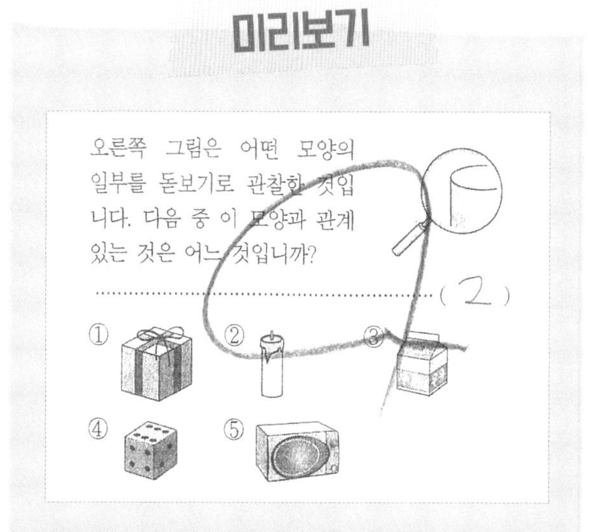


▶ 부분을 보고 모양을 알아맞히기 위해서는 각 모양의 특징을 알아야 합니다. 각 모양이 가진 특징을 알면 전체 모양을 추측할 수 있지요. 주변 사물 중 각 모양인 물건을 찾아 그 모양인 이유를 말해 보며, 각 모양의 특징을 이해합니다.

# 덧셈과 뺄셈

● 9 이하의 주어진 수 가르고 모으기

주어진 수를 여러 가지 방법으로 가르고 모아 보며 덧셈, 뺄셈의 개념을 이해합니다.

두 수로 모으기

두 수로 가르기

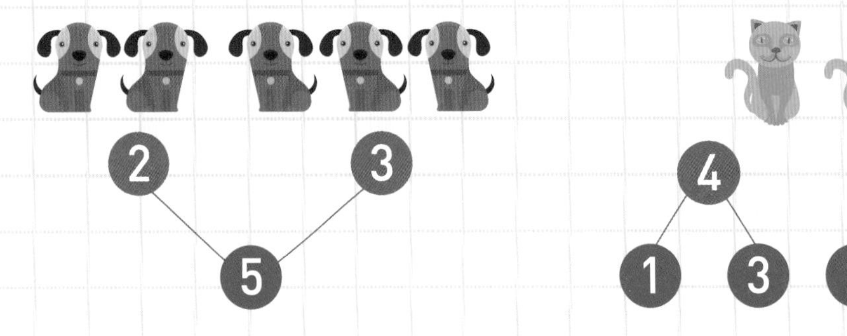

● 9 이하의 주어진 수로 덧셈을 하고, 덧셈식으로 쓰고 읽기

덧셈은 '+' 부호로 나타내고, '더하기'라고 읽어요.

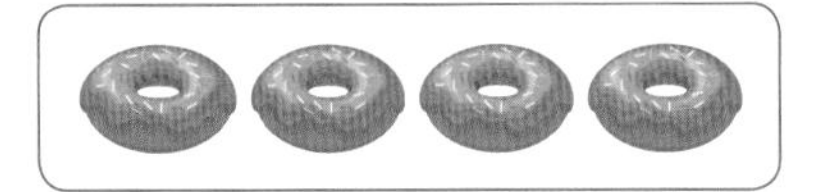

쓰기 4 + 3 = 7

읽기 4 더하기 3은 7과 같습니다. / 4와 3의 합은 7입니다.

● 9 이하의 주어진 수로 뺄셈을 하고, 뺄셈식으로 쓰고 읽기

뺄셈은 '−' 부호로 나타내고 '빼기'라고 읽어요.

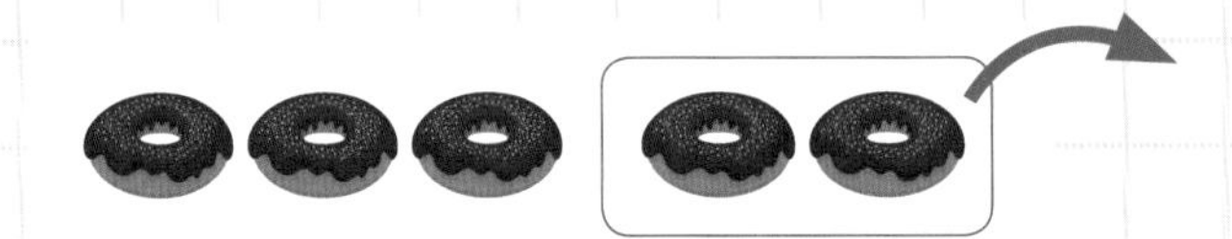

쓰기 5 − 2 = 3

읽기 5 빼기 2는 3과 같습니다. / 5와 2의 차는 3입니다.

**| 개념 활동 문제 |**

**1** 그림을 보고 빈칸에 알맞은 수를 써 넣으세요.

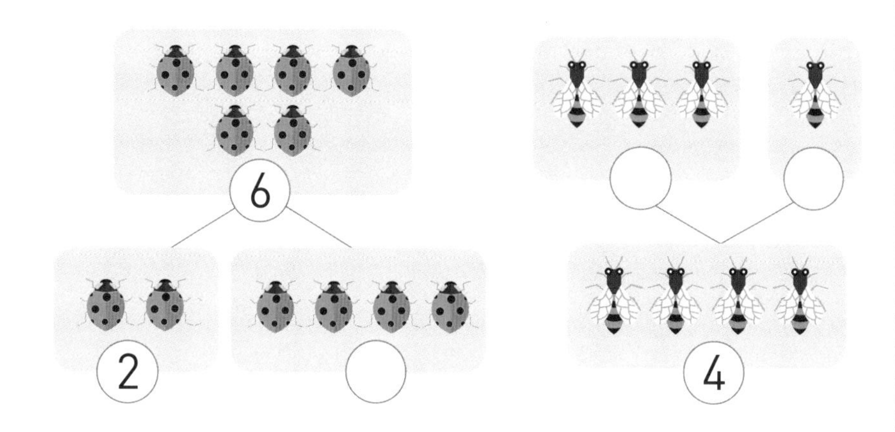

주어진 수를 두 수로 가르고 두 수를 하나의 수로 모으는 활동은 덧셈과 뺄셈의 개념을 이해하는 활동이므로, 다양한 수를 여러 가지 방법으로 가르고 모으는 활동을 반복해서 학습합니다.

**2** 다음과 같이 덧셈식을 쓰고 읽어 보세요.

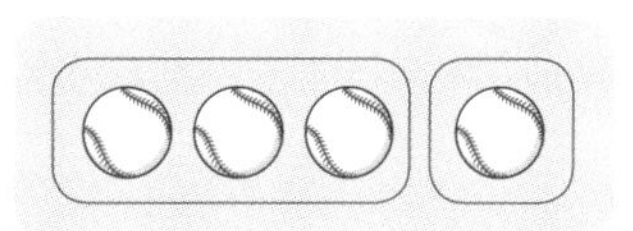

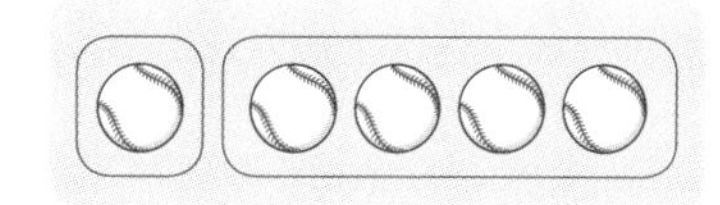

쓰기 3+1=4

읽기 3 더하기 1은 4입니다.

쓰기

읽기

덧셈과 뺄셈의 상황을 '+' 또는 '–'로 쓰고, 결과를 '=' 부호를 사용하여 나타냅니다. 식을 쓰는 것보다 실제로 소리 내어 읽는 것이 식을 이해하는 데 도움이 됩니다.

**3** 다음과 같이 뺄셈식을 쓰고 읽어 보세요.

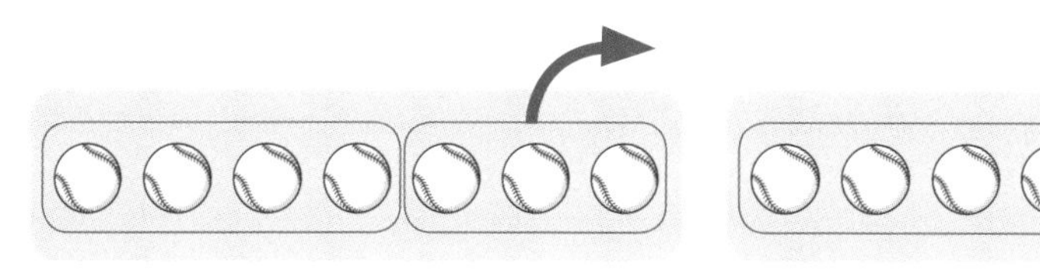

쓰기 7-3=4

읽기 7 빼기 3은 4입니다.

쓰기

읽기

**| 익힘책 활동 문제 |**

**01** 두 수를 모아 보세요.

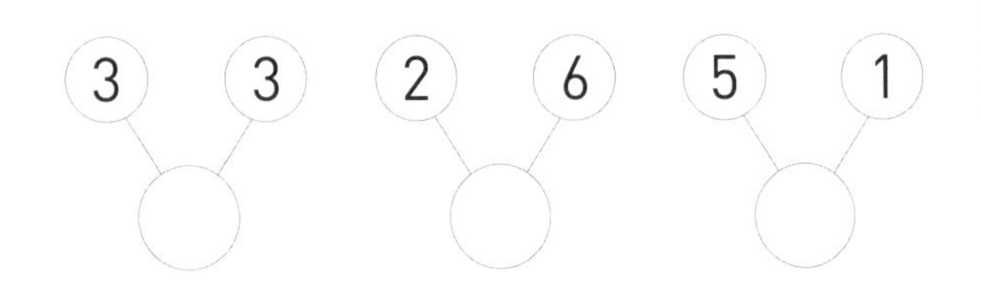


**02** 두 수로 갈라 보세요.

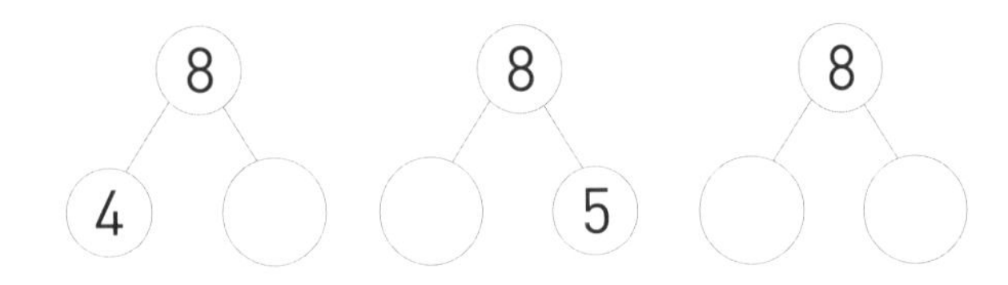


**03** 다음 덧셈식과 뺄셈식을 쓰고 읽어 보세요.

(1)

쓰기

읽기

(2)

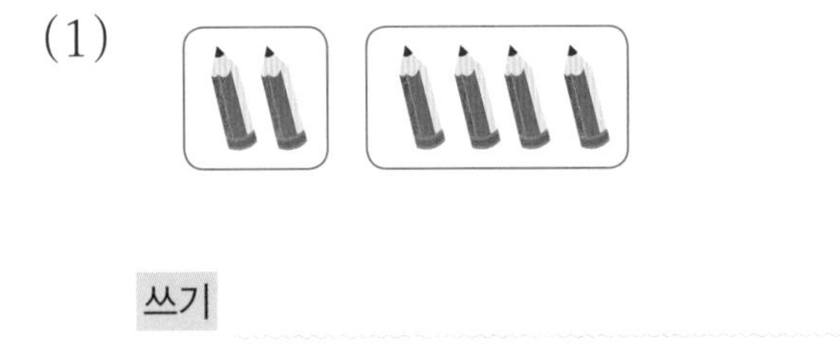

쓰기

읽기

**04** 다음 덧셈식과 뺄셈식을 읽어 보세요.

(1) 3 + 1 (　　　　　　　　)

(2) 6 + 3 (　　　　　　　　)

(3) 8 - 5 (　　　　　　　　)

(4) 5 - 2 (　　　　　　　　)

**05** 그림을 보고 덧셈식을 만들어 보세요.

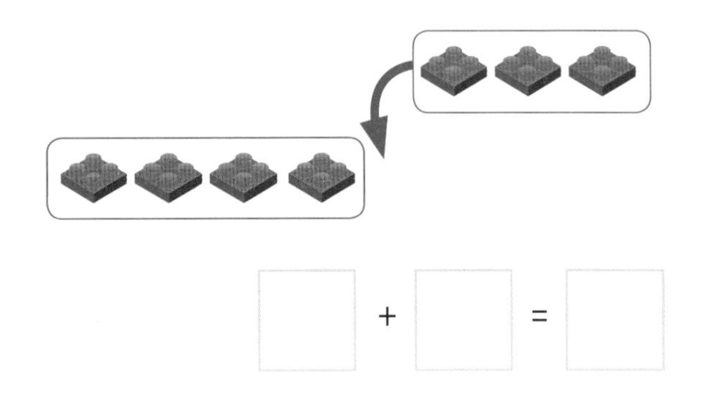

□ + □ = □

**06** 그림을 보고 뺄셈식을 만들어 보세요.

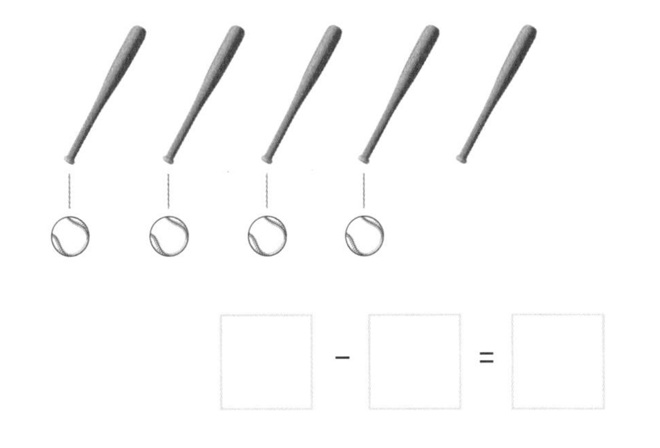

□ - □ = □

**07** 혜미가 토마토를 2개 먹었고, 승훈이가 4개 먹었습니다. 혜미와 승훈이가 먹은 토마토의 개수를 덧셈식으로 써 보세요.

**08** 다음 물음에 답하세요.

(1) 나뭇가지 위에 앉아 있는 새는 모두 몇 마리인가요? (　　　)

(2) 나뭇가지 위에 앉은 새 중 1마리가 날아갔어요. 몇 마리가 남았을까요?
(　　　)

(3) 나뭇가지에 남아 있는 새를 구하는 뺄셈식을 써 보세요.

□ - □ = □

(4) 뺄셈식을 읽어 보세요.
(　　　　　　　　　　)

**09** '3+5'와 계산 결과가 다른 하나는 어느 것일까요? (　　　)

① 2+6　② 1+7　③ 4+5
④ 5+3　⑤ 0+8

**10** 슬기는 장미꽃을 7송이 가지고 있고, 유미는 3송이 가지고 있습니다. 슬기는 유미보다 장미꽃을 몇 송이 더 가지고 있는지 식을 쓰고 답을 구하세요.

식

답

## 미리보기

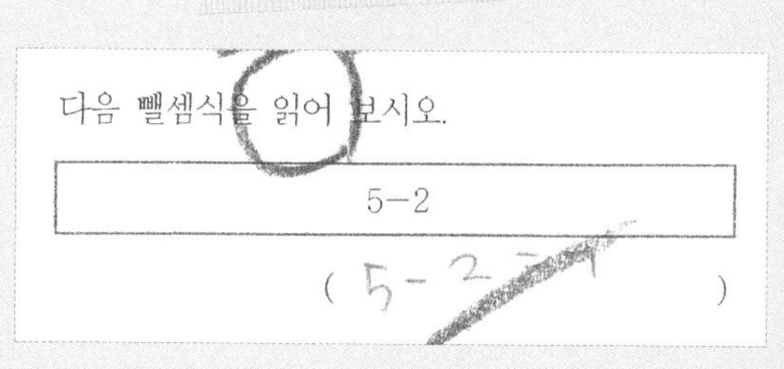
다음 뺄셈식을 읽어 보시오.

5−2

( 5-2 )

▶ 문제의 지시문을 정확하게 이해해야 올바른 답을 구할 수 있습니다. 정답은 5 빼기 2 / 5와 2의 차.

상현이는 지우개 6개를 가지고 있고, 은주는 4개를 가지고 있습니다. 상현이는 은주보다 지우개를 몇 개 더 많이 가지고 있는지 식을 쓰고, 답을 구하시오.

<식> 6 - 4 = 2

<답> 2 개

▶ 문제의 답에는 문제에 제시된 수를 세는 단위까지 써야 올바른 정답이 됩니다.

# 정답

**10쪽** 국어 1주차 한글 낱자가 모여

1.

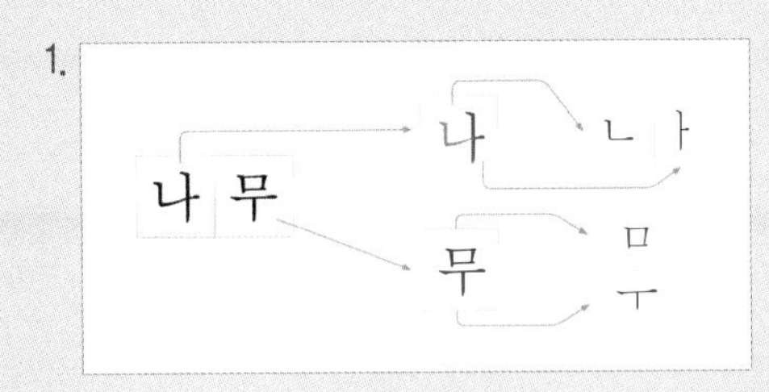


**13쪽** 국어 1주차 한글 낱자가 모여

4.

| 모음자 / 자음자 | ㅏ (아) | ㅑ (야) | ㅓ (어) | ㅕ (여) | ㅗ (오) | ㅛ (요) | ㅜ (우) | ㅠ (유) | ㅡ (으) | ㅣ (이) |
|---|---|---|---|---|---|---|---|---|---|---|
| ㄱ(기역) | 가 | 갸 | 거 | 겨 | 고 | 교 | 구 | 규 | 그 | 기 |
| ㄴ(니은) | 나 | 냐 | 너 | 녀 | 노 | 뇨 | 누 | 뉴 | 느 | 니 |
| ㄷ(디귿) | 다 | 댜 | 더 | 뎌 | 도 | 됴 | 두 | 듀 | 드 | 디 |
| ㄹ(리을) | 라 | 랴 | 러 | 려 | 로 | 료 | 루 | 류 | 르 | 리 |
| ㅁ(미음) | 마 | 먀 | 머 | 며 | 모 | 묘 | 무 | 뮤 | 므 | 미 |
| ㅂ(비읍) | 바 | 뱌 | 버 | 벼 | 보 | 뵤 | 부 | 뷰 | 브 | 비 |
| ㅅ(시옷) | 사 | 샤 | 서 | 셔 | 소 | 쇼 | 수 | 슈 | 스 | 시 |
| ㅇ(이응) | 아 | 야 | 어 | 여 | 오 | 요 | 우 | 유 | 으 | 이 |
| ㅈ(지읒) | 자 | 쟈 | 저 | 져 | 조 | 죠 | 주 | 쥬 | 즈 | 지 |
| ㅊ(치읓) | 차 | 챠 | 처 | 쳐 | 초 | 쵸 | 추 | 츄 | 츠 | 치 |
| ㅋ(키읔) | 카 | 캬 | 커 | 켜 | 코 | 쿄 | 쿠 | 큐 | 크 | 키 |
| ㅌ(티읕) | 타 | 탸 | 터 | 텨 | 토 | 툐 | 투 | 튜 | 트 | 티 |
| ㅍ(피읖) | 파 | 퍄 | 퍼 | 펴 | 포 | 표 | 푸 | 퓨 | 프 | 피 |
| ㅎ(히읗) | 하 | 햐 | 허 | 혀 | 호 | 효 | 후 | 휴 | 흐 | 히 |

## 25쪽 국어 4주차 시간 나타내기

1.

| 문장 | 과거 | 현재 | 미래 |
|---|---|---|---|
| 신나게 놀다 | 신나게 놀았다 | 신나게 논다<br>신나게 놀고 있다 | 신나게 놀 것이다<br>신나게 놀겠다 |
| 잠을 자다 | 잠을 잤다 | 잠을 잔다<br>잠을 자고 있다 | 잠을 잘 것이다<br>잠을 자겠다 |
| 책을 읽다 | 책을 읽었다 | 책을 읽는다<br>책을 읽고 있다 | 책을 읽을 것이다<br>책을 읽겠다 |
| 일기를 쓰다 | 일기를 썼다 | 일기를 쓴다<br>일기를 쓰고 있다 | 일기를 쓸 것이다<br>일기를 쓰겠다 |
| 국어를 공부하다 | 국어를 공부했다 | 국어를 공부한다<br>국어를 공부하고 있다 | 국어를 공부할 것이다<br>국어를 공부하겠다 |

2.

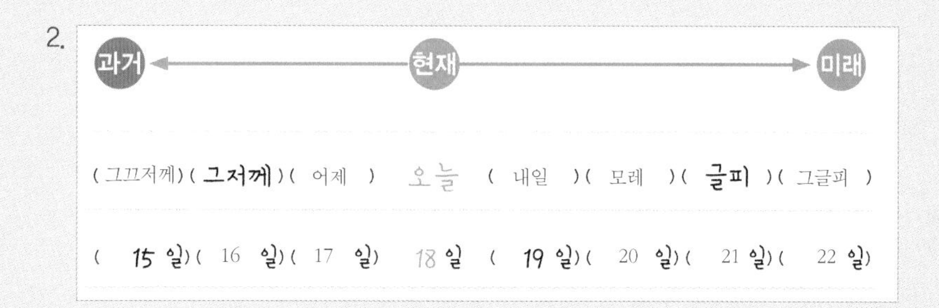


## 30쪽 일기 1주차 일기 쓰기의 기본

1. (1) 날씨, 제목

(2) ③ 즐거운 소달구지 체험

## 31쪽 일기 1주차 일기 쓰기의 기본

2. **예시** 내 이름은 축구 왕, 축구에서 이긴 날 등

3.

제목 : 잠자리 만들기

가을 시간에 색종이로 잠자리를 만들었다. 또 한복도 만들었다.

## 38쪽 일기 3주차 일기 잘 쓰는 법

1. **예시** 예은이와 함께 만화를 보는데 중간에 귀신이 나와서 깜짝 놀랐다. 또 나올까 봐 긴장돼서 손에 땀이 났다. 귀신은 정말 무섭다.

2. 빨래 개는 걸 도와드렸더니 엄마가 "예쁘게 갰네."라고 칭찬해 주셨다. 나는 "내일도 도와드릴게요."라고 말했다.

**39쪽** 일기 3주차 일기 잘 쓰는 법

3. 햇볕이 쨍쨍 / 따갑게 등 내리쬐는 무더운 여름날 해수욕장에 갔다.
   바닷물에 풍덩 / 퐁당 등 뛰어들어 첨벙첨벙 / 신나게 등 물장구도 치고
   파도타기도 했다. 모래로 토닥토닥 / 즐겁게 등 집도 만들었다.
   바다에 오면 늘 기분이 매우 / 엄청 등 좋다.

**42쪽** 일기 4주차 여러 가지 일기 쓰기

1. (1) 동생 최지호 (2) 공룡

**43쪽** 일기 4주차 여러 가지 일기 쓰기

2.

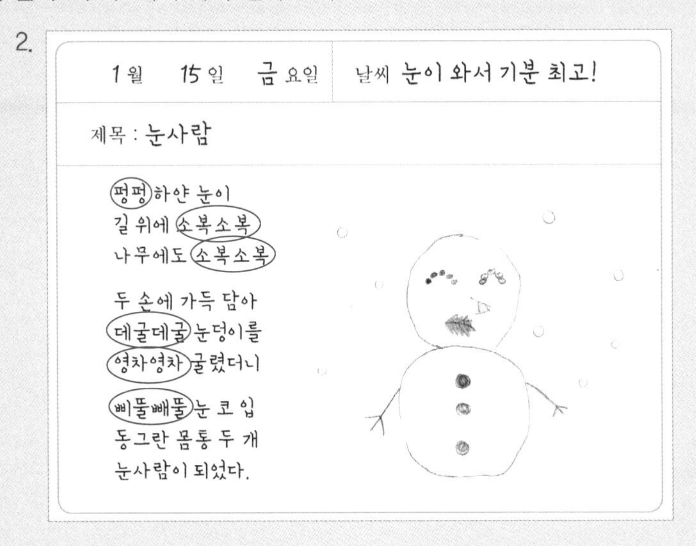


**52쪽** 독서록 2주차 그림으로 나타내면

1. 네 컷 만화로 그린 독서록

**56쪽** 독서록 3주차 편지로 써 볼까

1. (1) 성우가 욕심쟁이 친구에게 썼습니다.
   (2) 너무 욕심 부리면 도깨비한테 혼쭐이 날 거야.
   (3) ① 첫인사, ③ 보내는 날짜, ④ 끝인사

**60쪽** 독서록 4주차 동시를 짓자

1. (1) 매미가 땅속에서 태어나 하늘로 올라가기까지의 과정을 담은 책입니다.
   (2) 예시 훨훨 날아오르면 / 하늘 위의 매미 등
   (3) ㉠꼬물꼬물 / 꾸물꾸물 등 ㉡엉금엉금 / 느릿느릿 등 ㉢훨훨 / 씽씽 등

**71쪽** 받아쓰기 2주차 소리 나는 대로 쓰면

1.

| 낱말 | 소리 | 구분 | 받아쓰기 |
|---|---|---|---|
| 산이 | 사니 | 산+이 | 산이 |
| 꽃에 | 꼬체 | 꽃+에 | 꽃에 |
| 앞을 | 아플 | 앞+을 | 앞을 |
| 사람이 | 사라미 | 사람+이 | 사람이 |
| 떡만 | 떵만 | 떡+만 | 떡만 |

2

| 낱말 | 소리 | 구분 | 받아쓰기 |
|---|---|---|---|
| 입고 | 입꼬 | 입+고 | 입고 |
| 찾아 | 차자 | 찾+아 | 찾아 |
| 좋고 | 조코 | 좋+고 | 좋고 |
| 깎으니 | 까끄니 | 깎+으니 | 깎으니 |
| 많아요 | 마나요 | 많+아요 | 많아요 |
| 넓습니다 | 널씀니다 | 넓+습니다 | 넓습니다 |
| 없다니까 | 업따니까 | 없+다니까 | 없다니까 |

**75쪽** 받아쓰기 3주차 받침이 헷갈려

2. 선생님이 학생에게 맞춤법을 가르치다, 손가락으로 산을 가리키다

**79쪽** 받아쓰기 4주차 띄어쓰기는 어려워

1.

| | 바 | 르 | 게 | | 앉 | 아 | | 글 | 씨 | 를 | |
|---|---|---|---|---|---|---|---|---|---|---|---|
| 쓰 | 는 | | 자 | 세 | 는 | | 허 | 리 | 를 | | 곧 |
| 게 | | 펴 | 고 | , | | 엉 | 덩 | 이 | 를 | | 의 |
| 자 | | 뒤 | 쪽 | 에 | | 붙 | 인 | | 다 | 음 | , |
| 두 | | 발 | 은 | | 바 | 닥 | 에 | | 닿 | 도 | 록 |
| 하 | 고 | | 쓰 | 는 | | 거 | 예 | 요 | . | | |

2

| | 연 | 필 | 을 | | 바 | 르 | 게 | | 잡 | 는 | |
|---|---|---|---|---|---|---|---|---|---|---|---|
| 방 | 법 | 은 | | 첫 | 째 | | 손 | 가 | 락 | 과 | |
| 둘 | 째 | | 손 | 가 | 락 | 의 | | 모 | 양 | 을 | |
| 둥 | 글 | 게 | | 하 | 여 | | 연 | 필 | 을 | | 잡 |
| 고 | , | | 연 | 필 | 을 | | 너 | 무 | | 세 | 우 |
| 거 | 나 | | 눕 | 히 | 지 | | 않 | 아 | 요 | . | |

## 83쪽 수학 1주차 9까지의 수 (1)

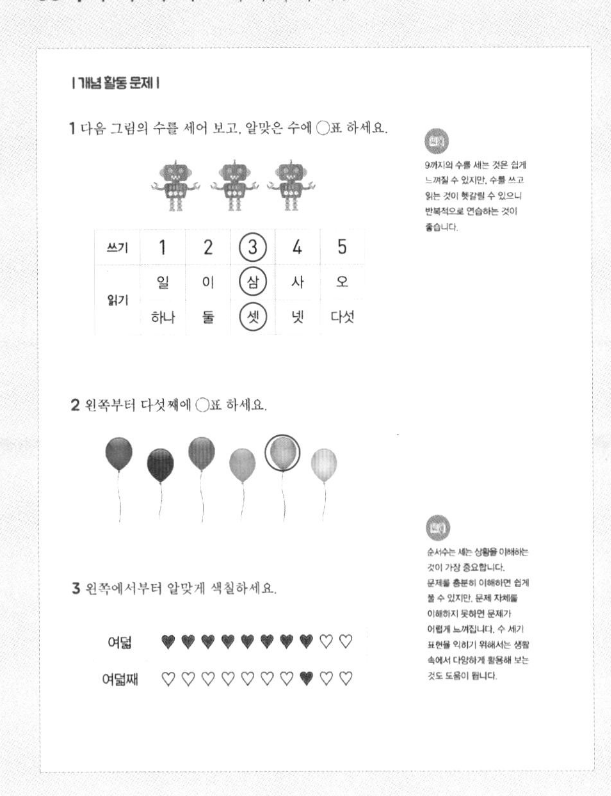

| 개념 활동 문제 |

1 다음 그림의 수를 세어 보고, 알맞은 수에 ○표 하세요.

| 쓰기 | 1 | 2 | (3) | 4 | 5 |
|---|---|---|---|---|---|
| 읽기 | 일 | 이 | (삼) | 사 | 오 |
| | 하나 | 둘 | (셋) | 넷 | 다섯 |

9까지의 수를 세는 것은 쉽게 느껴질 수 있지만, 수를 쓰고 읽는 것이 헷갈릴 수 있으니 반복적으로 연습하는 것이 좋습니다.

2 왼쪽부터 다섯째에 ○표 하세요.

3 왼쪽에서부터 알맞게 색칠하세요.

여덟 ♥♥♥♥♥♥♥♥♡♡

여덟째 ♡♡♡♡♡♡♡♥♡♡

순서수는 세는 상황을 이해하는 것이 가장 중요합니다. 문제를 충분히 이해하면 쉽게 풀 수 있지만, 문제 자체를 이해하지 못하면 문제가 어렵게 느껴집니다. 수 세기 표현을 익히기 위해서는 생활 속에서 다양하게 활용해 보는 것도 도움이 됩니다.

## 84쪽 수학 1주차 9까지의 수 (1)

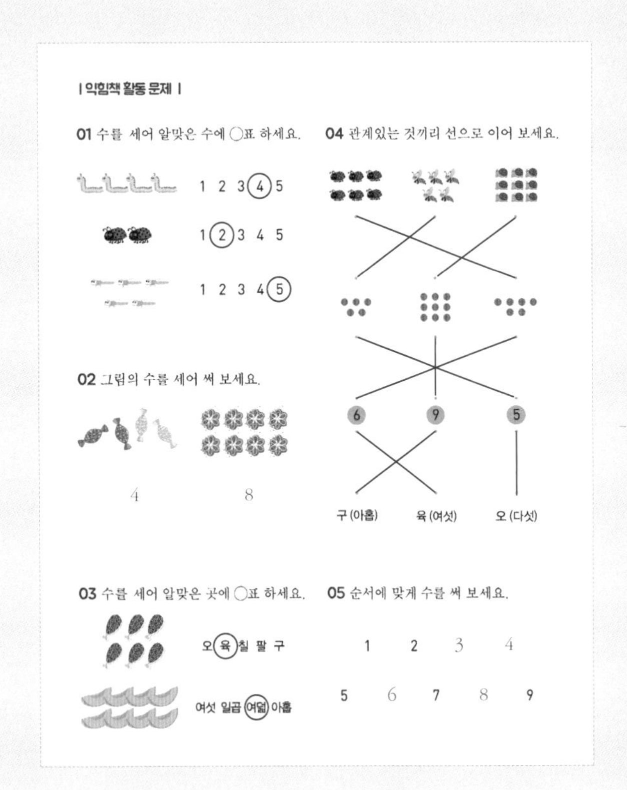

| 익힘책 활동 문제 |

01 수를 세어 알맞은 수에 ○표 하세요.

1 2 3 (4) 5

1 (2) 3 4 5

1 2 3 4 (5)

02 그림의 수를 세어 써 보세요.

4 8

03 수를 세어 알맞은 곳에 ○표 하세요.

오 (육) 칠 팔 구

여섯 일곱 (여덟) 아홉

04 관계있는 것끼리 선으로 이어 보세요.

6 9 5

구 (아홉) 육 (여섯) 오 (다섯)

05 순서에 맞게 수를 써 보세요.

1 2 3 4

5 6 7 8 9

## 85쪽 수학 1주차 9까지의 수 (1)

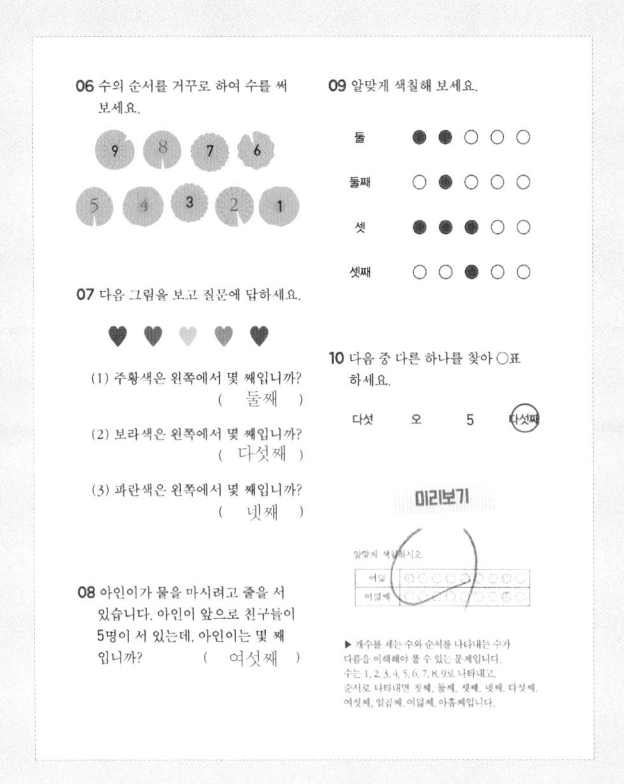

06 수의 순서를 거꾸로 하여 수를 써 보세요.

9 8 7 6 5 4 3 2 1

07 다음 그림을 보고 질문에 답하세요.

(1) 주황색은 왼쪽에서 몇 째입니까? ( 둘째 )

(2) 보라색은 왼쪽에서 몇 째입니까? ( 다섯째 )

(3) 파란색은 왼쪽에서 몇 째입니까? ( 넷째 )

08 아인이가 물을 마시려고 줄을 서 있습니다. 아인이 앞으로 친구들이 5명이 서 있는데, 아인이는 몇 째입니까? ( 여섯째 )

09 알맞게 색칠해 보세요.

둘 ●●○○○

둘째 ○●○○○

셋 ●●●○○

셋째 ○○●○○

10 다음 중 다른 하나를 찾아 ○표 하세요.

다섯 오 5 (다섯째)

미리보기

▶ 개수를 세는 수와 순서를 나타내는 수가 다름을 이해해야 풀 수 있는 문제입니다. 수는 1, 2, 3, 4, 5, 6, 7, 8, 9로 나타내고, 순서로 나타내면 첫째, 둘째, 셋째, 넷째, 다섯째, 여섯째, 일곱째, 여덟째, 아홉째입니다.

## 87쪽 수학 2주차 9까지의 수 (2)

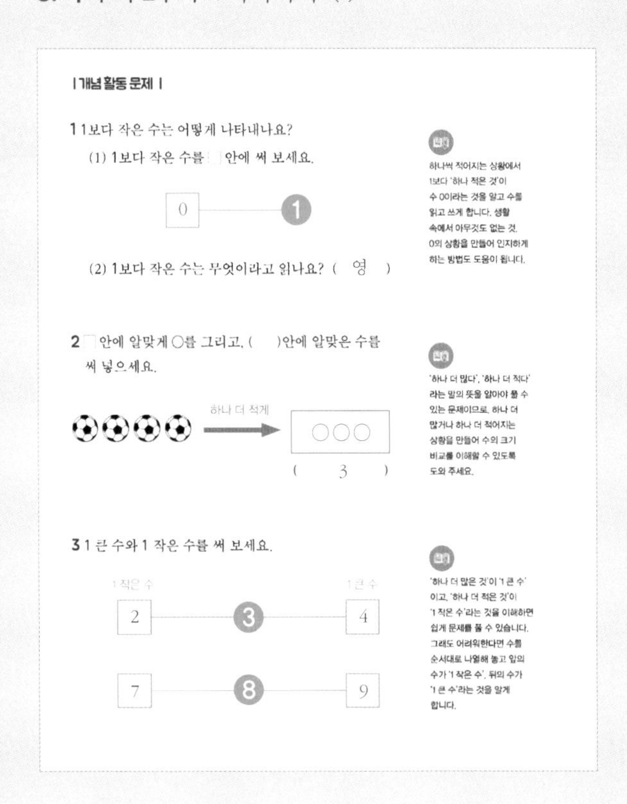

| 개념 활동 문제 |

1 1보다 작은 수는 어떻게 나타내나요?

(1) 1보다 작은 수를 □안에 써 보세요.

0 — 1

(2) 1보다 작은 수는 무엇이라고 읽나요? ( 영 )

하나씩 적어지는 상황에서 1보다 '하나 적은 것'이 수 0이라는 것을 알고 수를 읽고 쓰게 합니다. 생활 속에서 아무것도 없는 것, 0의 상황을 만들어 인지하게 하는 방법도 도움이 됩니다.

2 □안에 알맞게 ○를 그리고, ( )안에 알맞은 수를 써 넣으세요.

하나 더 적게 → ○○○

( 3 )

'하나 더 많다', '하나 더 적다'라는 말의 뜻을 알아야 풀 수 있는 문제이므로, 하나 더 많거나 하나 더 적어지는 상황을 만들어 수의 크기 비교를 이해할 수 있도록 도와 주세요.

3 1 큰 수와 1 작은 수를 써 보세요.

1 작은 수 1 큰 수

2 — 3 — 4

7 — 8 — 9

'하나 더 많은 것'이 '1 큰 수'이고, '하나 더 적은 것'이 '1 작은 수'라는 것을 이해하면 쉽게 문제를 풀 수 있습니다. 그래도 어려워한다면 수를 순서대로 나열해 놓고 앞의 수가 '1 작은 수', 뒤의 수가 '1 큰 수'라는 것을 알게 합니다.

## 88쪽 수학 2주차 9까지의 수 (2)

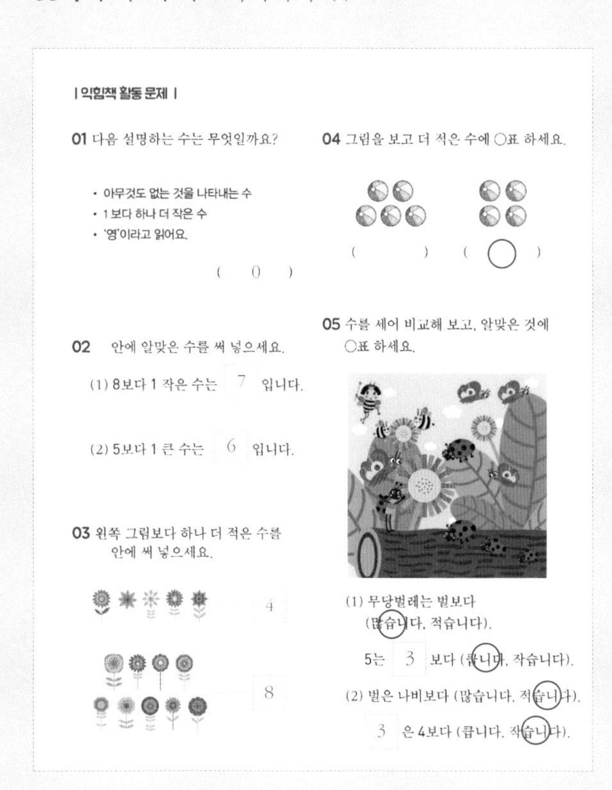

| 익힘책 활동 문제 |

01 다음 설명하는 수는 무엇일까요?

- 아무것도 없는 것을 나타내는 수
- 1보다 하나 더 작은 수
- '영'이라고 읽어요.

( 0 )

02 안에 알맞은 수를 써 넣으세요.

(1) 8보다 1 작은 수는 7 입니다.

(2) 5보다 1 큰 수는 6 입니다.

03 왼쪽 그림보다 하나 더 적은 수를 안에 써 넣으세요.

4

8

04 그림을 보고 더 적은 수에 ○표 하세요.

( ) ( ○ )

05 수를 세어 비교해 보고, 알맞은 것에 ○표 하세요.

(1) 무당벌레는 벌보다 (많습니다, 적습니다).

5는 3 보다 (큽니다, 작습니다).

(2) 벌은 나비보다 (많습니다, 적습니다).

3 은 4보다 (큽니다, 작습니다).

## 89쪽 수학 2주차 9까지의 수 (2)

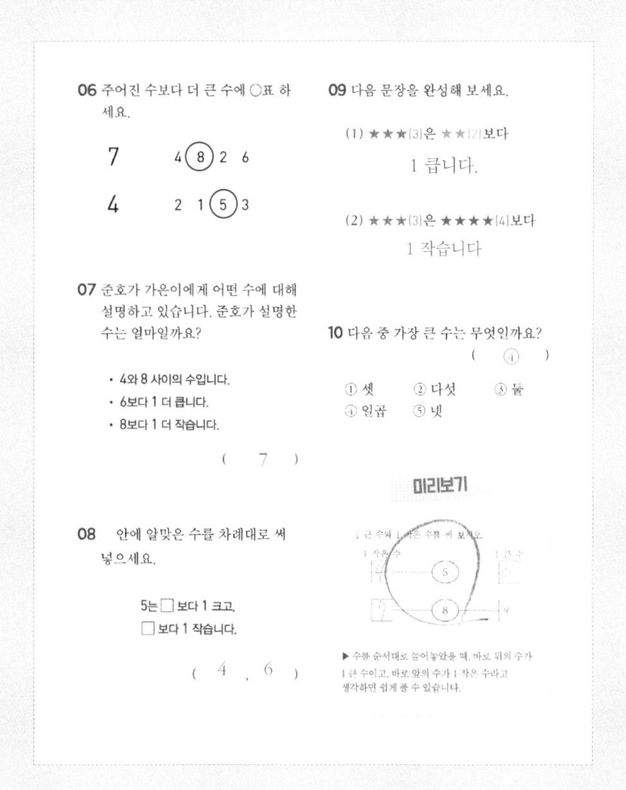

06 주어진 수보다 더 큰 수에 ○표 하세요.

7   4 8 2 6

4   2 1 5 3

07 준호가 가은이에게 어떤 수에 대해 설명하고 있습니다. 준호가 설명한 수는 얼마일까요?

- 4와 8 사이의 수입니다.
- 6보다 1 더 큽니다.
- 8보다 1 더 작습니다.

( 7 )

08 안에 알맞은 수를 차례대로 써 넣으세요.

5는 □보다 1 크고, □보다 1 작습니다.

( 4 , 6 )

09 다음 문장을 완성해 보세요.

(1) ★★★(3)은 ★★(2)보다 1 큽니다.

(2) ★★★(3)은 ★★★★(4)보다 1 작습니다

10 다음 중 가장 큰 수는 무엇인가요? ( ④ )

① 셋 ② 다섯 ③ 둘 ④ 일곱 ⑤ 넷

미리보기

▶ 수를 순서대로 늘어놓았을 때, 바로 뒤의 수가 1 큰 수이고, 바로 앞의 수가 1 작은 수라고 생각하면 쉽게 풀 수 있습니다.

## 91쪽 수학 3주차 여러 가지 모양

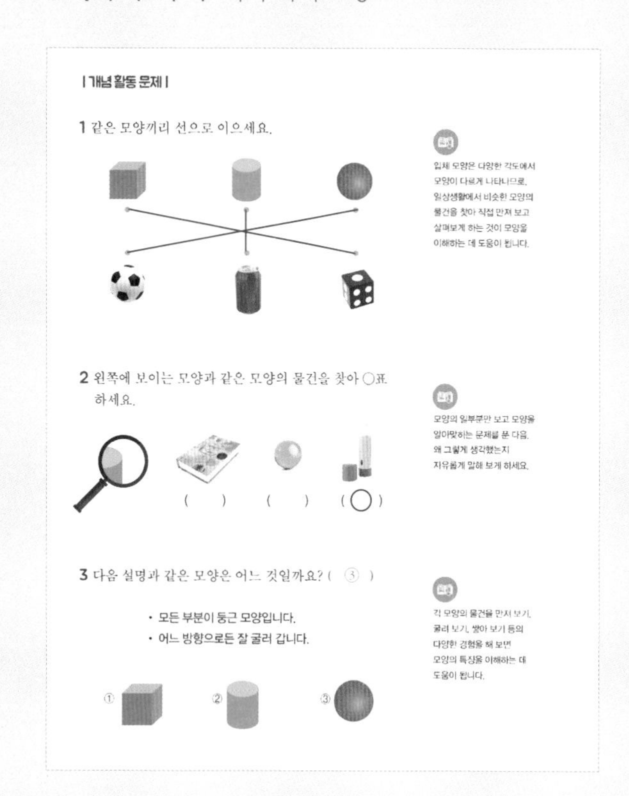

| 개념 활동 문제 |

1 같은 모양끼리 선으로 이으세요.

입체 모양은 다양한 각도에서 모양이 다르게 나타나므로, 일상생활에서 비슷한 모양의 물건을 찾아 직접 만져 보고 살펴보게 하는 것이 모양을 이해하는 데 도움이 됩니다.

2 왼쪽에 보이는 모양과 같은 모양의 물건을 찾아 ○표 하세요.

( ) ( ) ( ○ )

모양의 일부분만 보고 모양을 알아맞히는 문제를 푼 다음, 왜 그렇게 생각했는지 자유롭게 말해 보게 하세요.

3 다음 설명과 같은 모양은 어느 것일까요? ( ③ )

- 모든 부분이 둥근 모양입니다.
- 어느 방향으로든 잘 굴러 갑니다.

① ② ③

각 모양의 물건을 만져 보기, 굴려 보기, 쌓아 보기 등의 다양한 경험을 해 보면 모양의 특징을 이해하는 데 도움이 됩니다.

## 92쪽 수학 3주차 여러 가지 모양

| 익힘책 활동 문제 |

01 어떤 모양의 물건을 모아 놓은 것인지 알맞은 모양에 ○표 하세요.

( ) ( ) ( ○ )

02 어떤 모양의 일부분인지 찾아 ○표 하세요.

03 다음 중 모양이 다른 하나는 어느 것일까요? ( ④ )

① ② ③ ④ ⑤

04 관계있는 것끼리 선으로 이어 보세요.

05 위에서 모양을 본 모습이 아래 그림과 같이 보이는 모양은 어느 것일까요? ( ① )

① ② ③

## 93쪽 수학 3주차 여러 가지 모양

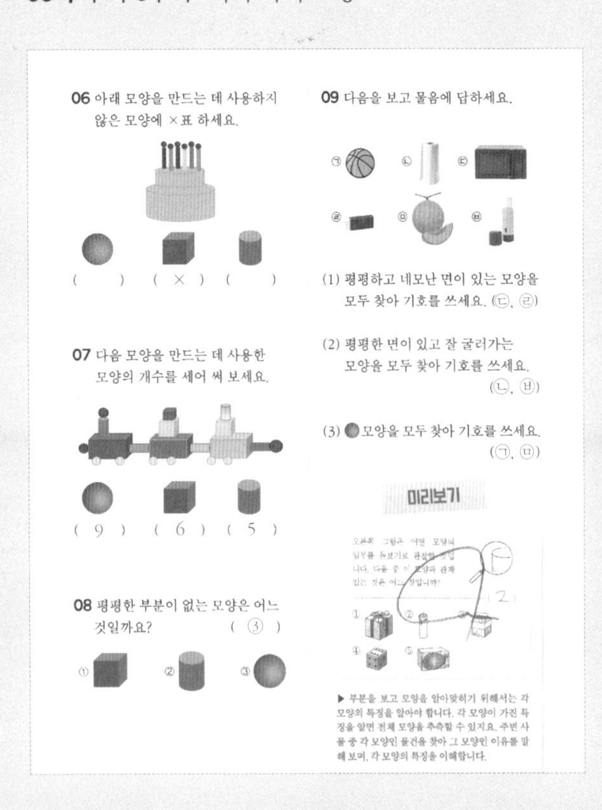

06 아래 모양을 만드는 데 사용하지 않은 모양에 ×표 하세요.

( ) ( × ) ( )

07 다음 모양을 만드는 데 사용한 모양의 개수를 세어 써 보세요.

( 9 ) ( 6 ) ( 5 )

08 평평한 부분이 없는 모양은 어느 것일까요? ( ③ )

① ② ③

09 다음을 보고 물음에 답하세요.

㉠ ㉡ ㉢ ㉣ ㉤ ㉥

(1) 평평하고 네모난 면이 있는 모양을 모두 찾아 기호를 쓰세요. (㉢, ㉣)

(2) 평평한 면이 있고 잘 굴러가는 모양을 모두 찾아 기호를 쓰세요. (㉡, ㉥)

(3) ● 모양을 모두 찾아 기호를 쓰세요. (㉠, ㉤)

미리보기

▶ 부분을 보고 모양을 알아맞히기 위해서는 각 모양의 특징을 알아야 합니다. 각 모양이 가진 특징을 알면 전체 모양을 추측할 수 있지요. 주변 사물 중 각 모양인 물건을 찾아 그 모양인 이유를 말해 보며, 각 모양의 특징을 이해합니다.

## 95쪽 수학 4주차 덧셈과 뺄셈

| 개념 활동 문제 |

1 그림을 보고 빈칸에 알맞은 수를 써 넣으세요.

6 / 2, 4　　3, 1 / 4

2 다음과 같이 덧셈식을 쓰고 읽어 보세요.

쓰기 3+1=4　　쓰기 1 + 4 = 5

읽기 3 더하기 1은 4입니다.　　읽기 1 더하기 4는 5입니다.

3 다음과 같이 뺄셈식을 쓰고 읽어 보세요.

쓰기 7-3=4　　쓰기 6 - 1 = 5

읽기 7 빼기 3은 4입니다.　　읽기 6 빼기 1은 5입니다.

팁: 주어진 수를 두 수로 가르고 두 수를 하나의 수로 모으는 활동은 덧셈과 뺄셈의 개념을 이해하는 활동이므로, 다양한 수를 여러 가지 방법으로 가르고 모으는 활동을 반복해서 학습합니다.

팁: 덧셈과 뺄셈의 상황을 '+' 또는 '−'로 쓰고, 결과를 '=' 부호를 사용하여 나타냅니다. 식을 쓰는 것보다 실제로 소리 내어 읽는 것이 식을 이해하는 데 도움이 됩니다.

## 96쪽 수학 4주차 덧셈과 뺄셈

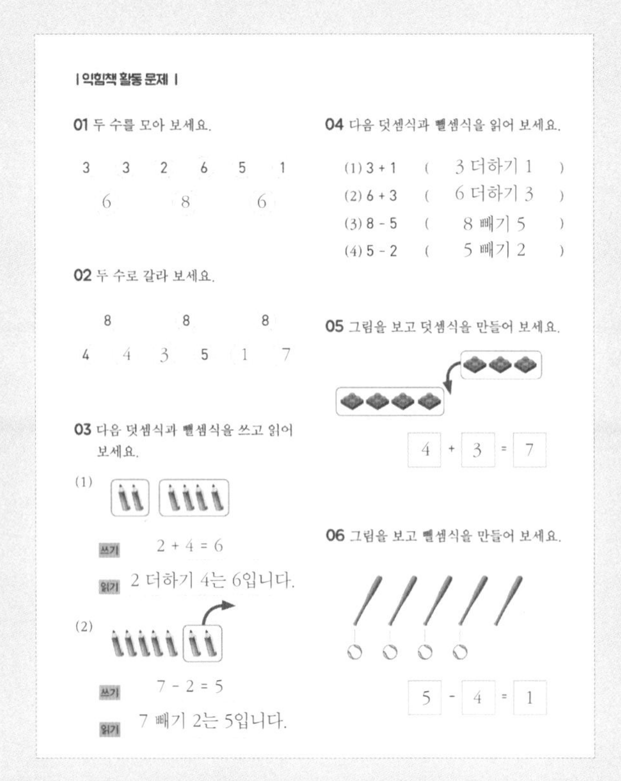

| 익힘책 활동 문제 |

01 두 수를 모아 보세요.

3 3 → 6　　2 6 → 8　　5 1 → 6

02 두 수로 갈라 보세요.

8 → 4, 4　　8 → 3, 5　　8 → 1, 7

03 다음 덧셈식과 뺄셈식을 쓰고 읽어 보세요.

(1) 쓰기 2 + 4 = 6

읽기 2 더하기 4는 6입니다.

(2) 쓰기 7 - 2 = 5

읽기 7 빼기 2는 5입니다.

04 다음 덧셈식과 뺄셈식을 읽어 보세요.

(1) 3 + 1 ( 3 더하기 1 )

(2) 6 + 3 ( 6 더하기 3 )

(3) 8 - 5 ( 8 빼기 5 )

(4) 5 - 2 ( 5 빼기 2 )

05 그림을 보고 덧셈식을 만들어 보세요.

4 + 3 = 7

06 그림을 보고 뺄셈식을 만들어 보세요.

5 - 4 = 1

## 97쪽 수학 4주차 덧셈과 뺄셈

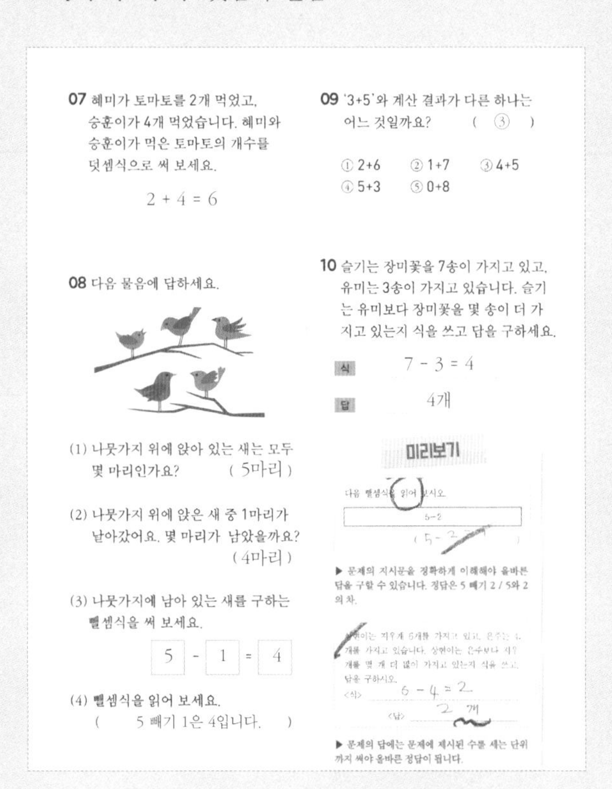

07 혜미가 토마토를 2개 먹었고, 승훈이가 4개 먹었습니다. 혜미와 승훈이가 먹은 토마토의 개수를 덧셈식으로 써 보세요.

2 + 4 = 6

08 다음 물음에 답하세요.

(1) 나뭇가지 위에 앉아 있는 새는 모두 몇 마리인가요? ( 5마리 )

(2) 나뭇가지 위에 앉은 새 중 1마리가 날아갔어요. 몇 마리가 남았을까요? ( 4마리 )

(3) 나뭇가지에 남아 있는 새를 구하는 뺄셈식을 써 보세요.

5 - 1 = 4

(4) 뺄셈식을 읽어 보세요.

( 5 빼기 1은 4입니다. )

09 '3+5'와 계산 결과가 다른 하나는 어느 것일까요? ( ③ )

① 2+6 ② 1+7 ③ 4+5 ④ 5+3 ⑤ 0+8

10 슬기는 장미꽃을 7송이 가지고 있고, 유미는 3송이 가지고 있습니다. 슬기는 유미보다 장미꽃을 몇 송이 더 가지고 있는지 식을 쓰고 답을 구하세요.

식 7 - 3 = 4

답 4개

미리보기

▶ 문제의 지시문을 정확하게 이해해야 올바른 답을 구할 수 있습니다. 정답은 5 빼기 2 / 5와 2의 차.

▶ 문제의 답에는 문제에 제시된 수를 세는 단위까지 써야 올바른 정답이 됩니다.